国境山脈

上越・信越

星野秀樹

山と溪谷社

美しく気高い
国境山脈へ

群馬と新潟、新潟と長野の境をなす山稜は、日本有数の豪雪地帯であり、ブナ帯文化の世界でもある。その多くは人の暮らしから隔絶された孤峰ではなく、人の暮らしとともにある里山だ。そんな山々の麓に、僕は今暮らしている。ブナと雪、それに日本海側の風土に惹かれて、新潟と長野の県境、信越トレイルが通る関田《せきた》山脈の麓に移住したのだ。家のすぐ裏から始まるブナ林と、例年4m前後に達する積雪は、けっして美しいばかりではなく、厳しい自然の現実をも思い知らせてくれる。ここでは、暮らしの中にいても山を漂っているかのような感覚になる。

　この里から眺める風景は、雪とブナの稜線だ。背後には関田山脈、千曲《ちくま》川の流れの向こうには越後三山《えちごさんざん》や巻機《まきはた》山など魚沼《うおぬま》の山々が。正面には秋山郷《あきやまごう》の奥にそびえる苗場《なえば》山、鳥甲《とりかぶと》山、さらに尾根を少し登れば妙高《みょうこう》山や黒姫《くろひめ》山などの北信五岳《ほくしんごがく》を望む。いずれも新潟、群馬、それに長野の県境周辺の山々だ。そこは、好んでこの地に暮らす僕にとって、まさに愛すべき裏山とでも呼ぶべき場所である。

　この上越、信越の県境山稜は、残念ながら北アルプスのように万人を惹きつける山容をしているわけではない。南アルプスのような重厚なスケールの山々とも違うし、八ヶ岳のように利便性に優れた山でもない。でもこの山々は、ブナと雪が育む多様性にあふれ、沢登りや豪雪の雪山登山など日本的登山の醍醐味を味わわせてくれる。かつてはマタギが闊歩した領域は、いまなお豊富な山菜やきのこがあふれる宝の山だし、おいしい米や酒を里の暮らしにもたらす恵みの山でもある。

また、暮らしに欠かせない里山という一面がある一方で、その背後にはいまだ登山道すらない深い山並みが続いている。どこかしらあたたかい雪国の風土と得体の知れない自然の深みとが同居しているのも、この山域の大きな魅力のひとつだろう。

この県境付近に連なる山々を具体的に挙げると、群馬、新潟県境の平《ひら》ヶ岳から越後三山、巻機山、谷川《たにがわ》連峰、白砂《しらすな》山。さらに新潟、長野県境の苗場山塊から関田山脈、北信五岳、頸城《くびき》山塊、海谷《うみたに》山塊などである。これらをすべて「僕の裏山」などと言うのはえらく独りよがりで乱暴だけれども、自分の暮らしの足元から始まる連なりが、大きな山塊となって構成されている世界を見ると、やはり「愛すべき裏山」とでも言いたくなってしまうのだ。

もちろん、ひとつながりの山脈ではないから、これらの山々を一言で表わす言葉はない。一般的には「上信越の山」と言われているが、「上信」(群馬、長野県境)に属する浅間《あさま》山や妙義《みょうぎ》エリアなどは、雪国風土に根ざした他の山とは性格が異なるので僕の山行リストには入れていない。ちっぽけな日本という島国の、雪国という特異な地方。この風土に根ざした山脈を、あえて国境山脈と呼んでみたい。上越・信越国境山脈。美しく、気高い日本の里山を巡り歩きたいというのが僕の想いだ。

目次

上越・信越国境山脈概念図

上越・越後の山

1 谷川岳…1977m
2 平標山…1984m
3 仙ノ倉山…2026m
4 稲包山…1598m
5 白砂山…2140m
6 大源太山…1598m
7 巻機山…1967m
8 平ヶ岳…2141m
9 金城山…1369m
10 荒沢岳…1969m
11 越後駒ヶ岳…2003m
12 丹後山…1809m
13 中ノ岳…2085m
14 八海山…1778m

信越・北信の山

1 佐武流山…2192m
2 苗場山…2145m
3 小松原湿原…1565m
4 白砂山…2140m
5 鳥甲山…2038m
6 鍋倉山…1289m
7 斑尾山…1382m
8 菱ヶ岳…1129m
9 戸隠山…1904m
10 高妻山…2353m
11 黒姫山…2053m
12 飯縄山…1917m
13 堂津岳…1927m
14 妙高山…2454m
15 火打山…2462m
16 焼山…2400m
17 雨飾山…1963m
18 海谷駒ヶ岳…1487m
19 明星山…1189m
20 権現岳…1104m
21 鉾ヶ岳…1316m

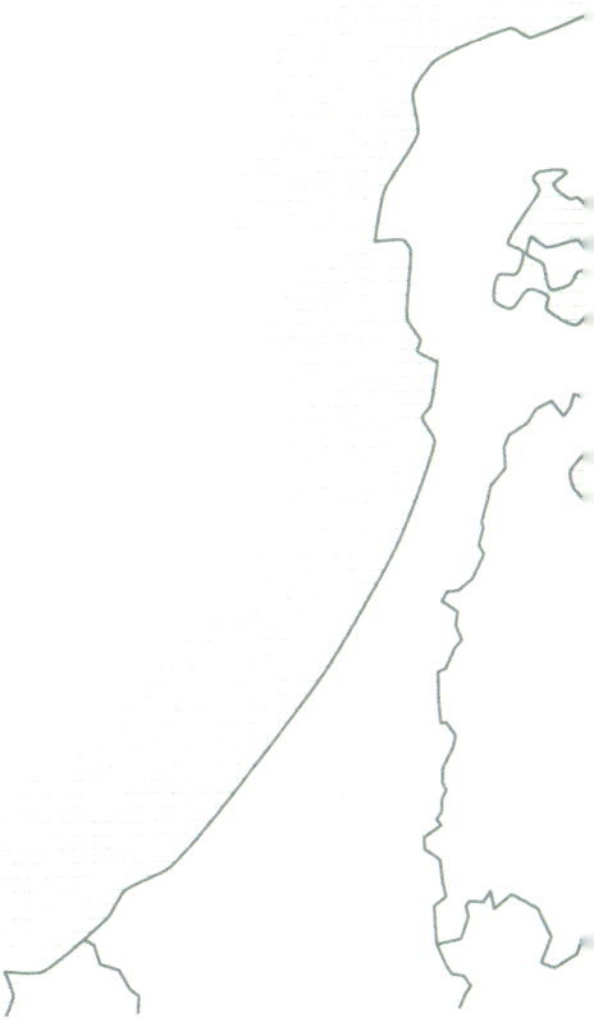

国境山脈を歩くために

ここで紹介するのは上越、信越国境周辺（新潟・群馬・長野の県境）の山々。標高２４６２ｍの火《ひ》打《うち》山を最高峰に、２０００ｍ前後の中級山岳が主役だ。３０００ｍ峰を擁する日本アルプスには標高こそ及ばないものの、豪雪地帯だけに、標高１０００ｍ以下でも、多くの山が6月半ばになっても雪渓を残す山域である。

山域の特徴

豪雪地帯の山は水の潤いにあふれている。深いブナ林に始まり、多くの山野草に出会えるのも魅力だ。平《ひら》ヶ岳や巻機《まきはた》山、苗場《なえば》山、火打山などのように、たおやかな山頂部やルート上に湿原を抱く山も多く、雪の恵みを強く感じられるのが特徴だ。また、荒沢《あらさわ》岳や八海《はっかい》山、大源太《だいげんた》山、鳥甲《とりかぶと》山、戸隠《とがくし》山、海谷《うみたに》山塊などは厳しい岩山で、険路をたどる。しかし、そんな岩山であっても、やはり豪雪の潤いに恵まれて、池塘や多くの花々が迎えてくれる。

登山の季節

積雪の多い山なので、登山道を安心して歩けるようになるのは融雪が進んだ6月中旬ころから。ただし残雪対策は必要だ。雪解けとブナの新緑、豊富な花々の季節は山が命にあふれ、国境山脈中でも最も光と活気に満ちたシーズンだ。しかし盛夏は、妙高山や火打山などの比較的標高が高い山を除いては蒸し暑く、登山道のヤブも濃くなって歩きにくいため、おすすめしがたい。

秋はおおむね10月半ばころから美しい紅葉が楽しめる。ブナや稜線の草もみじなどのみごとさは言わずもがな。錦秋の山歩きを満喫したい。

11月半ばを過ぎると山は冠雪し、本格的な冬を迎える。もちろん、心得がある登山者にとっては、魅力ある雪山、バックカントリースキーのエリアとなるので、欠くことのできない季節だ。

登山時の注意

人里に近い山が多く、百名山のような有名な山もあるが、公共交通機関の利用が難しいケースも多い。マイカー利用、もしくは日程にゆとりをもって、山行前に積極的に情報収集したい。

登山コースは険しい岩稜をもつ山もあるが、多くはヤブをたどる。一部を除いて本格的なヤブこぎはないものの、利用者が少ないルートもあるので、地図読みやルートファインディングなどを確実に。また、八海山、谷川《たにがわ》岳、苗場山、妙高《みょうこう》・火打エリアを除くと営業小屋はなく、避難小屋利用が前提。キャンプ指定地は限られているので注意が必要。

朝日に照り輝く谷川岳主脈。日本の気候、風土、文化を分かつ分水嶺だ

第1部

上越・越後の山

七ツ小屋山から谷川岳を
経て、遠く苗場山へ続く
国境山脈を望む

谷川連峰・馬蹄形縦走

白毛門から谷川岳への稜線を一筆書き。
個性的なピークを結び、重厚な山並みを歩く

1977m
（谷川岳）

下りの西黒尾根は急峻な岩場が続く。滑落注意

1 早朝、登山道脇の草に霜が降りていた。それは近づく冬の足音　2 今日越えてきた笠ヶ岳と朝日岳の山稜上に月が昇った。贅沢な山脈での月見の始まり

オキの耳から望むトマの耳。山上では多くの登山者が「近くてよい山」を堪能していた

蓬ヒュッテの脇にテントを張って、大山脈の夕暮れを過ごす

馬《ば》蹄形《ていけい》縦走、とはなんだか不思議な言葉である。馬蹄形、つまりUの字状に連なる山稜をたどる縦走ということだが、山の世界では白毛門《しらがもん》から谷川《たにがわ》岳までの縦走を指す。正確には白毛門から谷川岳までを「馬蹄形に」縦走する、ということだが、「馬蹄形縦走」という言葉が、どうもこのルートそのものの名称になっているらしい。谷川岳を「近くてよい山」と呼んだのは、穂高《ほたか》や谷川岳で活躍した登山家・大島亮吉《おおしまりょうきち》だが、彼の言葉どおりに谷川岳はもちろんのこと、この「馬蹄形縦走」も長く登山者に親しまれてきたのに違いない。山稜の地形そのものが、縦走コースの名称として使われるようになった珍しい例なのではないだろうか。

馬蹄形縦走は、谷川連峰の縦走路の中でも特に人気が高い。それは馬蹄形のなせる業、入下山口を一つにそろえられることが大きな理由だろう。ロープウェイを利用することも可能だし、ルート中には2軒の営業小屋もある。最近はトレランばやりで、ワンデイで駆け巡るランナーも多いようだ。

と言ったものの、土合《どあい》から白毛門への登りはいつもつらい。正直言って間近にそびえる谷川岳を見ると、早々に縦走を諦めたくなる。そう、馬蹄形縦走前半のつらさは、歩くにつれてゴールが遠のいて行くところにある。

それでもいつものように荒々しい一《いち》ノ倉《くら》沢の姿に後押しされて、なんとか白毛門へ這い上がる。いわばここが縦走のスタート地点。気を取り直して、これからたどる山稜を眺めてみよう。

まずは眼前の笠《かさ》ヶ岳、そして朝日《あさひ》岳へ。白毛門の急登にやられた後なので、意外とこの間がつらい。そして朝日岳から眺める谷川岳の遠さよ。いや、歩けば歩くほど遠のくゴールの切なさよ。

しかし、のびやかに続く山稜は心地よい。ほどなく巻機《まきはた》山から連なる稜線とのジャンクションピークに着く。ここからが文字どおり国境稜線。群馬と新潟の県境だ。はるか彼方になってしまった谷川岳はこの際無視して、清水《しみず》峠への下りにかかる。でも足元から続く稜線は弧を描き、大きくうねりながら、確実に谷川岳へと延びていくのだ。

避難小屋の立つ清水峠まで下ってほっと一息。この辺りが馬蹄の描く弧の頂点部分だろうか。だとすればもうゴールが遠のくことはない。一歩ごとに谷川岳が近づくのを実感できるはずだ。

怪峰・大源太山《だいげんたやま》を眺めつつ七ツ小屋山《ななつごややま》を越える。そうして笹原の登山道をたどって蓬峠《よもぎとうげ》へと下り、小さな池塘のある峠の一角にテントを張った。

こうして一日中山を歩いて過ごす夕暮れ時が好きだ。秋の太陽は徐々に傾き、なだらかな苗場山《なえばさん》の向こうに沈んでいく。それと入れ替わるように月が、今日越えて来た朝日岳の山上に姿を見せた。この馬蹄形山稜を取り囲む山々が、今日最後の光を受けて陰影を際立たせ、やがて闇に沈んでいった。

翌日も歩く。霜の降りた登山道は、やがて来る厳しい冬の到来を予感させる。しかし、白毛門付近から登った朝日が、温もりとともに、山を巡り歩く楽しさを実感させてくれた。縦走路が光の道となって、登山者を導いていく。

険しい武能岳《ぶのうだけ》を越えて、どっしりと大きな茂倉岳《しげくらだけ》に立った。見渡せば、文字どおりに馬蹄形となった稜線が、湯檜曽川《ゆびそがわ》を取り囲むように延びている。朝の霞の中に、昨日苦労して登った白毛門が浮かんでいる。

茂倉岳から平易な稜線歩きで一ノ倉岳を越えると、いよいよ残すは谷川岳だ。はるか足元に雪崩と水流で磨かれた一ノ倉沢の白いスラブを見下ろしつつ、オキの耳をめざす。なんだか不思議な感じだが、スタート地点の白毛門が、ずいぶん近くなってきた。どうやらぐるりと巡ってきた馬蹄形の稜線歩きも、まもなく終わりが近いようだ。オキの耳を越えてトマの耳に立つと、いよいよ下山だ。ロープウェイも利用できるが、やはり自分の足で完結できる西黒尾根が、このコースの下山路にはふさわしい。国境山脈の重厚な山並みをたどり、アップダウンを繰り返して、出発点近くのゴールにたどり着く。この馬蹄形縦走が、「近くてよい山」にふさわしい縦走ルートだと実感せずにはいられなかった。

一ノ倉岳とオキの耳との間にある「ノゾキ」から見下ろす一ノ倉沢。雪崩と水流に磨かれた岩壁だ

谷川連峰・馬蹄形縦走 登山アドバイス

本コースはきついアップダウンが連続する体力勝負のルート。特に出だしの白毛門までは標高差約1000mもの急登なので、焦らずゆっくり登りたい。西黒尾根の下りは急な岩場が続くので、体力や技術、天候などに不安を感じるようなら、天神《てんじん》尾根経由で谷川岳ロープウェイを利用して下ることが望ましい。また、蓬ヒュッテでは小屋横の広場でテント泊が可能。水場は蓬新道方面へ往復約20分。

[Data]

山行適期 6月上旬〜10月下旬

参考コースタイム

1日目 土合橋⇒白毛門⇒笠ヶ岳⇒朝日岳⇒清水峠⇒七ツ小屋山⇒蓬峠…計9時間

2日目 蓬峠⇒武能岳⇒茂倉岳⇒一ノ倉岳⇒トマの耳⇒ガレ沢のコル⇒谷川岳ロープウェイ土合口駅…計7時間40分

アクセス

公共交通： 往路 JR上越新幹線上毛高原駅（関越交通バス40分、1200円）土合橋 復路 谷川岳ロープウェイ土合口駅（関越交通バス45分、1250円）JR上越新幹線上毛高原駅 **マイカー：** 関越道水上ICから国道291号を経て土合橋へ約14km、約20分。白毛門登山口に約50台の無料駐車場あり。谷川岳ロープウェイ土合口駅から徒歩約20分で駐車場に着く。

問合せ先 蓬ヒュッテ☎025-787-3268、関越交通水上営業所☎0278-72-3135、みなかみ町役場観光商工課☎0278-25-5017、湯沢町役場観光商工課☎025-784-4850

2万5000分ノ1地形図 茂倉岳・水上

谷川連峰 その他のコース

天神尾根　谷川岳ロープウェイを使って、天神平から山頂をめざす、最もポピュラーなコース。標高1320mから歩き出せるので、体力に自信のない人やファミリーにもおすすめだ。スキー場を後にたどるブナの登山道は、初夏のころは花が豊富で楽しめる。熊穴沢避難小屋を過ぎると岩場交じりの急な尾根が続く。上部は夏の始めころまで雪渓が残るので慎重に。特に下りは要注意。ここを登りきると肩ノ小屋。右手から登ってくる西黒尾根と合流し、ほどなくトマの耳に着く。

西黒尾根《にしぐろ》　標高差約1200mにも及ぶ、日本屈指の急な尾根。尾根上部には鎖のある傾斜の強い岩場もあり、体力、技術ともに求められる、気が抜けないルートだ。特にマチガ沢との分岐に近いラクダの背付近は、やせた急な尾根をたどるので慎重に。また、登山口の標高が低いため、盛夏はおすすめできない。

茂倉新道　土樽《つちたる》方面からの谷川岳へのアプローチとしておすすめ。前半はブナ林の急登、登るにつれて展望のよい尾根道となり、茂倉岳、一ノ倉岳を経て谷川岳に至る。途中茂倉岳避難小屋もあり心強い。土樽を起点に吾策《ごさく》新道と合わせれば、谷川岳、万太郎《まんたろう》岳縦走ルートとして楽しめる。(P31地図参照)

吾策新道　茂倉新道同様に、土樽方面からの谷川岳主脈へのアプローチとして利用価値が高いルート。大ベタテノ頭、井戸小屋沢ノ頭を経て万太郎岳へ至る尾根道は、谷川岳や仙ノ倉山方面を望む、絶好の展望ルートだ。尾根上部は岩場交じりのヤセ尾根をたどるので滑落に要注意。(P31地図参照)

馬蹄形縦走の出発点、白毛門に立つ。正面には険しい一ノ倉沢を抱く谷川岳を望む

中央にオジカ沢ノ頭、背後に茂倉岳から谷川岳へ続く山稜を眺める

谷川連峰・主脈縦走

2026m
（仙ノ倉山）

うねる山並み、花の山嶺。
夏の風に吹かれて、国境山脈を行く

爼嵓山稜と主脈に挟まれた阿弥陀沢の源頭部。いまだ豊富な雪渓を残して、冬の降雪の多さを思わせる

1 朝露に濡れるウラジロヨウラク。小さな宝石のようにしっとりと輝いていた
2 オキの耳で迎える夜明け。トマの耳に夏の朝日が当たり始める。前日のにぎわいが嘘のようだ

高山植物に彩られた尾根道は、宙にせり出すかのように仙ノ倉山へと延びていく

茂倉新道前半はブナやナラの雑木林を行く。梅雨の湿気を含んだ林の中は蒸し暑い

山
また山。遠く近く、前も後も山に埋め尽くされている。幾重にも連なる山脈を生み出す尾根や谷は、たおやかな源流の様相を見せて、それがかえってこの山並みの深みと広がりを感じさせる。岩と雪が織り成す険しいヒマラヤやアルプスとは違う、日本の山らしい重厚さ、繊細さ。そんな稜線が、今、僕の足元に広がっている。

谷川《たにがわ》連峰主脈。新潟と群馬の県境を成す、三《み》国《くに》山脈と称される山稜の中核部分である。ここは日本海と太平洋とを分かつ分水嶺。日本という小さな島国の分水嶺とはいえ、この山脈が分けるのは単に水の流れだけではない。冬の寒気と日本海の湿気は、この山脈にぶつかって大量の降雪をもたらす。そうして乾燥した冬晴れの国と、鉛色の空に覆われた豪雪の国が、ここを境に現われる。いわば、川端康成の小説『雪国』への入り口。気候や風土など、まったく異なる暮らしがこの山脈によって生み出されているのだ。

土樽《つちたる》の駅に降りたのは僕一人だった。めざす山稜は朝の光を受けて淡く浮かんでいる。今回は山小屋とテントを併用する計画なので荷物が重い。北アルプスのような爽やかな稜線と違い、梅雨の晴れ間の湿気がムッと漂うヤブ山をめざすには、少々気合いが必要なようだ。

案の定、急登が続く茂倉《しげくら》新道は蒸し風呂のようだった。普段なら見とれてしまうような美しいブナ林も、日差しを遮ってはくれるものの、今は風の障壁となって蒸し暑いことこの上ない。山に来たことを悔やむのはこんなときだ。でも、じわっと染み出した汗が滝のように流れ出すと、むしろ爽快感に変わる。心地いい、山の汗。

矢場《やば》ノ頭《あたま》を越えて尾根の続きに茂倉岳を眺めると、その爽快感は登山の喜びへと変わる。歩みは鈍くとも、一歩一歩頂をめざす充実感。そんな気持ちを後押しするように、険しい頂稜をいからせた万太郎《まんたろう》山が僕を招いている。

茂倉岳に立つ。ここからは日本海と太平洋の分水嶺、国境稜線を行く。白毛門《しらがもん》へと至る馬蹄形縦走とも重なる場所なので、すでに馴染みの稜線だ。ここから谷川岳に向けて登山者が多くなってきた。久しぶりの梅雨の晴れ間に、みんな山恋しくて飛び出してきたのだろう。トマの耳までやってくると、休む場所もないほどに混み合っていた。

しかしそんなにぎわいも、天神平《てんじんだいら》からのロープウェイの最終時間が近づくにつれ、潮が引くように静まっていった。久々の登山日和とはいえ、山に泊まる人は限られているようだ。今日肩の小屋に泊まるのは僕のほかに、学生風の男子2人連れのみ。昼間の喧噪が嘘のような谷川岳である。

夕暮れ時、万太郎山へと続く稜線を境に、新潟側から押し寄せた雲が天高く立ち上った。しかし雲は稜線を越えて群馬側に流れることはなく、雲と晴天との境がそこにできた。それはまるで、日本海から吹きつける冬の季節風を眺めているかのようであった。

オキの耳まで戻って日の出を堪能した翌朝、万太郎山へ向けて谷川岳主脈をたどる。ヤブ草に覆われた登山道はたっぷりと湿気を含み、まるで雨中を歩いているかのようだ。こんなに湿気が多いのも島国日本の特徴だ。露に濡れたウラジロヨウラクが宝石のように輝いている。ヤブや森を育むこの潤いが、多様な自然を生み出す源なのだろう。

夜明け前から万太郎山の頂上を覆っていた雲がだんだんと散っていく。昨日の夕方に見た時期外れの季節風が、太陽の輝きとともに消えていくように。

俎嵓《まないたぐら》山稜を分けるオジカ沢ノ頭まで来ると、自分が大山脈の真っただ中にいることを実感する。険しい山稜とたおやかに広がる笹原。山腹の浅い山ひだにはいまだ雪渓が残り、源頭の沢筋を形成している。越えてきた山、これから向かう山、はるか遠くに霞む山。見渡す限りの山々が、僕が今いる大山脈上で、うねり脈打っている。そのうねりの波を越えるように、小障《こしょう》子《じ》ノ頭《あたま》、大障子《おおしょうじ》ノ頭《あたま》と乗り越えて行く。越えても尽きぬ山並みは、やがてひときわ大きな万太郎山のうねりへとせり上がる。

あの山の向こうには、一体どんな景色が待っているのだろう。

仙ノ倉山から望む平標山と苗場山。たおやかな山稜が幾重にも連なる

1 朝、平標山乃家を後に大源太山をめざす。遠く小出俣山と阿能川岳が谷を埋める朝霧の上に浮かんでいた　2 夏の強い日差しを受けて、鮮やかな色彩を見せるヨツバシオガマ

朝露でびしょ濡れになったテントから顔を出すと、暗く沈む山の上には、夜明けを告げる雲が淡く色づきながら浮かんでいた。やがて仙《せん》ノ倉《くら》山の山腹を越えて昇ってきた太陽は、ヤブ尾根を濡らす露を輝かせる。夏の朝の始まりだ。梅雨明けの声はまだ聞かないけれど、きっと今日も暑い一日になるに違いない。僕は濡れたテントをザックにしまうと、今日もまた歩き始めた。いにしえの街道、三国峠をめざして。濃厚な水や土や植物の匂いに満ちた、早朝の山の大気を吸いながら。

万太郎山に立ったのは昨日のことだ。谷川連峰主脈という山のうねりの真っただ中に浮かぶ山頂からの眺めは、山で過ごす楽しさを充分味わわせてくれた。来し方行く末山ばかり。縦走はこれだからやめられない。越えても越えても山が尽きない。なんて贅沢なことだろう。

稜線は花盛りだった。緑の草原に点在する白いハクサンボウフウ、さらにその中に黄色いニッコウキスゲやウサギギクが交じる。コバイケイソウの葉っぱを見かけるが、どうやら今年は当たり年ではないと見え、花の姿をあまり見かけない。この稜線に群落で咲き広がる年はさぞかしみごとだろう。紫の可憐な花を咲かせるのはハクサンフウロやハクサンチドリ、ヨツバシオガマだ。足元には花、見渡せば山。まるで宙にせり出すかのように延びる尾根の露出感に酔いながら、僕は大きな仙ノ倉山をめざして登山道をたどっていった。

毛渡乗越《けどのっこし》から先は岩場交じりの稜線となった。険しさを増した登山道は、傾斜を強めてエビス大黒《だいこく》ノ頭《あたま》へとせり上がる。この辺りが主脈縦走の核心部だろう。門のように構える狭い岩の間からは、赤谷《あかや》川を挟んで対岸にそびえる小出俣《おいずまた》山と阿能川《あのがわ》岳を望む。その赤谷川から吹き上げてくる風が、笹原を揺らして毛渡沢へと駆け下りていく。冬の季節風とは逆に、群馬県側から新潟県側へと吹く風だ。横から吹きつける風は、時にバランスを崩しそうになるほど強い。それは、下界の暑さを物語るような気だるい温風だった。

エビス大黒ノ頭を越えても、まだ急登は続く。

それでも先ほどまでの険しさとはずいぶん様子が変わって歩きやすい。連峰最高峰の仙ノ倉山に立つと、目の前には今までの険しさとは一変して、たおやかに連なる山稜が続いていた。まるで大時化の荒海が、凪の海に変わったかのような風景。広大な稜線は平標《たいらっぴょう》山へ、その後ろには大きな苗場《なえば》山が横たわる。この足元から続く国境山脈は、三国峠を経て、群馬、新潟、長野の3県にまたがる白砂《しらすな》山の先へ、あの苗場山へと連なっているのだ。

　最終日、僕はテントをたたむと平標山乃家を後にした。徐々に標高を下げながらたどる山稜は、ササヤブと灌木を縫うようにして大源太《だいげんた》山に向かう。だんだん深くなっていく森の気配に、僕は昨日一日ザックの中にしまい込んでいたクマ鈴を取り出した。

　見渡す山稜は特徴を失い、山座同定がとても難しい。森がせり上がり山を覆い、いくつもの山が一体化して、山地、とでも呼びたくなるような風景だ。広大な山上湿原をもつ苗場山はともかく、白砂山や佐武流《さぶりゅう》山は、一体どこにあるのだろう。

　大源太山を過ぎると、今回の縦走の最後の山、三国山が姿を現わした。こんもりと、どっしりとした山。その雰囲気はすっかり普段から目にするような裏山だ。でも僕はこんな風情の山が大好きだ。まるで自分の家に帰っていくような、そんなほっとした気持ちがしてくるから。その一方、はるか霞む谷川岳を眺める。俎嵓山稜のせり上がりがすごい。よくもあんな遠くから歩いてきたものだと思う。これだから縦走はやめられない。

　三国峠への下りには、延々と木の階段が続いていた。ニッコウキスゲが鮮やかな色彩を見せて、縦走の終盤を飾ってくれる。古くから関東と越後をつなぐ街道の最大の難所とされてきた峠には、現在は国道17号が貫くトンネルが掘られている。こんな豪雪地帯を越えた古人の往来に思いを馳せつつも、僕の思いはさらに先へと延びる山稜へと惹かれていく。稲包《いなつつみ》山、白砂山、佐武流山、苗場山……。見果てぬ国境山脈が、この先もずっと続いているのだ。

谷川連峰主脈縦走 登山アドバイス

ここでは茂倉新道からのルートを紹介しているが、土合駅から西黒尾根もしくは谷川岳ロープウェイ経由で直接谷川岳をめざすほうが主脈縦走としては一般的だ。避難小屋をうまく利用すれば日程も短縮できる。しかし、肩の小屋を過ぎると平標山乃家まで有人小屋はないので、天候、体調などの状況判断は慎重に。危険な岩場は少ないものの、ルート全般に大きなアップダウンが繰り返されるため充分な体力が必要だ。平標山から三国峠にかけては下山ルートが豊富にあるので行程を短縮することも可能だ。特に松手山コースや平元《へいげん》新道は整備が行き届き、登山者も多いのでエスケープルートとしても利用しやすい。また、三国峠からは群馬県側の法師《ほうし》温泉に下山するのもおすすめ。猿ヶ京経由で上毛高原駅までみなかみ町営バスで出られる（1日4便）。バスを待つ間に山間の湯に浸かって山の疲れを癒やすのもいいだろう（立ち寄り入浴は13時30分受付終了）。

[Data]

山行適期　6月上旬～10月下旬

参考コースタイム

1日目　JR土樽駅⇒茂倉岳登山口⇒矢場ノ頭⇒茂倉岳⇒一ノ倉岳⇒オキの耳⇒トマの耳⇒肩の小屋…計7時間5分

2日目　肩の小屋⇒オジカ沢ノ頭⇒大障子避難小屋⇒万太郎山⇒越路避難小屋⇒エビス大黒ノ頭⇒仙ノ倉山⇒平標山⇒平標山乃家…計8時間35分

3日目　平標山乃家⇒大源太山⇒三国山⇒三国峠⇒三国峠登山口⇒西武クリスタル前…計4時間5分

アクセス　**公共交通：**往路JR上越線土樽駅　復路西武クリスタル前（南越後観光バス47分、660円）JR上越新幹線越後湯沢駅　**マイカー：**越後湯沢駅周辺の駐車場を利用して上越線で入山。下山後は越後湯沢駅までバスで戻る。

問合せ先　谷川岳肩の小屋☎090-3347-0802（8時～16時）、平標山乃家☎090-7832-0316（8時30分～15時30分）、南越後観光バス湯沢車庫☎025-784-3321、湯沢町役場観光商工課☎025-784-4850、みなかみ町役場観光商工課☎0278-25-5017

2万5000分ノ1地形図　土樽・茂倉岳・水上・三国峠

平標山～仙ノ倉山

1984m/2026m

文字どおり広く平らな山頂部をもつ平標山《たいらっぴょう》と、谷川《たにがわ》連峰最高峰の仙《せん》ノ倉《くら》山。谷川連峰主脈西部の主役を成すこれらの山は、日帰りプランで楽しめるミニ縦走路として人気が高い。管理された有料駐車場、よく整備された登山道、宿泊はもちろんテント泊も可能な平標山乃家があり、展望や高山植物に恵まれて、危険な箇所なども少ないことから、初心者にもおすすめのコースである。

湯沢《ゆざわ》から三国《みくに》峠へ向かう国道17号の平標登山口から登山道へ入る。有料駐車場が整備されているが、JR越後湯沢駅からバスを利用することも可能。取付きから松手《まつて》山への登りは急な階段が続く。尾根上の小広場まで登ると急登も一段落し、足元には白いホテルを際立たせた苗場《なえば》スキー場を望む。背後の山並みを望むと、幾重にも連なる山稜の向こうに信越県境の佐武《さぶ》流《りゅう》山が姿を見せている。

ほどなく鉄塔を過ぎ、前方にそびえる平標山を望みながら急な階段をたどると松手山に着く。振り向くと広大な山頂部を広げる苗場山が大きくそびえている。ここから平標山へ向けて笹原の登山道を行く。展望に恵まれた開放感ある心地よい尾根歩きだ。たおやかな尾根をたどるとやがて平標山頂上。重厚な谷川連峰主脈の一角である。ここから仙ノ倉山を往復する。階段交じりの尾根道は、遠く八海《はっかい》山や巻機《まきはた》山を望むパノラマルート。小さなアップダウンを繰り返すと標高2026mの仙ノ倉山に着く。ここが谷川連峰の最高峰。この先主脈は大きなギャップを繰り返しながら、谷川岳へと続く。

平標山へと戻り、笹原に続く階段をひたすら下る。下り切ったところが平標山乃家。ここで三国山方面へ続く主脈縦走路と別れ、平《へい》元《げん》新道を下る。ここも階段が続く。ブナ林からカラマツ林へと出て、やがて林道に出る。河内沢に沿った林道をたどり、車止めゲートの先で再び山道へと入る。標識に沿って雑木林を進むと、駐車場やバス停のある平標登山口に着く。

1 平標山から、大きくそびえる谷川連峰最高峰の仙ノ倉山をめざす　2 宿泊はもちろん、テント泊も可能な平標山乃家

登山アドバイス

平標山、仙ノ倉山付近は風の影響を受けやすいので、悪天候時や強風下での行動は避けること。コースは全般によく整備された登山道が続くが、階段の登下降の割合が多いため膝への負担に注意したい。初夏、花の時期には混雑が著しく、土日には有料駐車場が満車になることもあるので注意。日帰り登山が充分可能なコースだが、平標山乃家はテント泊も可能なので、のんびりテント泊、あるいは初心者のテント泊入門としてもおすすめ。

[Data]
山行適期　6月上旬～10月下旬
参考コースタイム
平標登山口⇒松手山⇒平標山⇒仙ノ倉山⇒平標山⇒平標山乃家⇒平標登山口…計7時間10分
アクセス　**公共交通：**(往復)JR上越新幹線越後湯沢駅（南越後観光バス32分、600円）平標登山口　**マイカー：**関越道湯沢ICから国道17号経由、平標登山口。登山口に約150台分の有料駐車場（1日600円）あり。
問合せ先　平標山乃家☎090-7832-0316（8時30分～15時30分）、南越後観光バス湯沢車庫☎025-784-3321、湯沢町役場観光商工課☎025-784-4850、みなかみ町役場観光商工課☎0278-25-5017
2万5000分ノ1地形図　三国峠

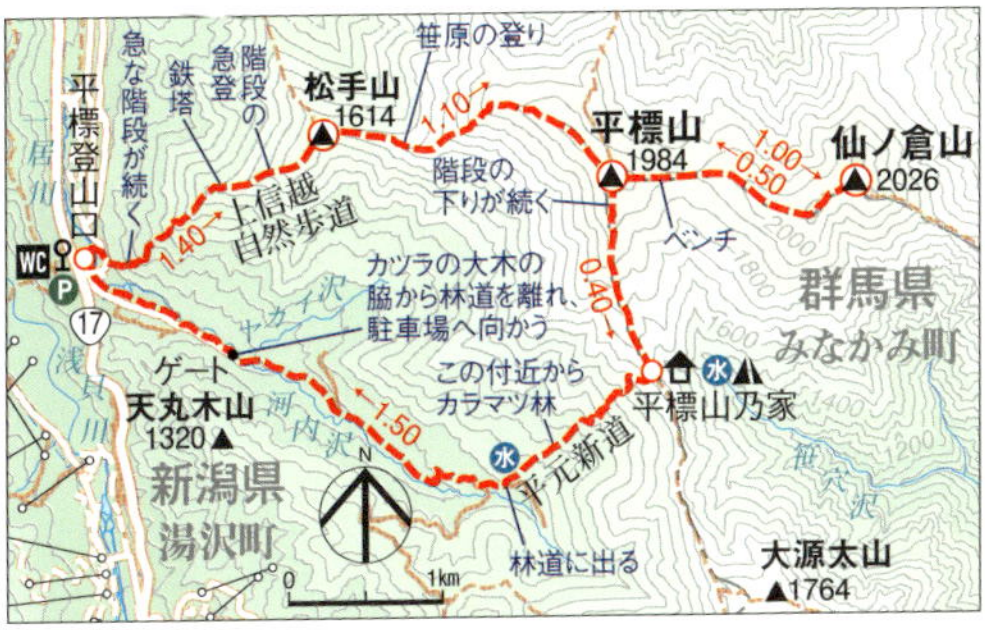

三坂峠〜稲包山〜三国峠

1598m
（稲包山）

2018年8月に開通した「ぐんま県境稜線トレイル」の、三坂峠《みさか》から稲包山《いなつつみ》を経て三国峠《みくに》へ至る区間が本ルート。谷川岳から連なる2000m前後の山脈が、群馬・新潟・長野3県の県境である白砂山《しらすな》へ至る前に、一度標高を落とす山稜である。総じてたおやかで特徴のない山々の連なりが続き、幾本もの電線が県境をまたいで延びている。山深いエリアのなかで出合う鉄塔群。大山脈であると同時に、人々の暮らしの障壁である上越県境稜線の、わずかな弱点であることを感じさせる。

　また、いにしえの歴史街道である三国峠は、江戸と越後を結ぶ交通の要所であるとともに、深い山地と積雪に遮られる交通の難所でもあった。現在は国道17号の通る三国トンネルが、峠に代わって要所の役割を果たしている。

　西武クリスタル前バス停が起点・終点。マイカーなら旧三国スキー場まで入れるが、車の回収を考えると歩行距離は変わらない。スキー場跡へ車道をたどり、沢沿いの湿った登山道を行く。湯之沢《ゆの》を徒渉すると急登が始まる。美しいブナの尾根を登りきると稜線トレイルの分岐へ出て、ほどなく三坂峠に着く。

　笹藪の尾根を、ロープを交えながらたどると小稲包山。背後には稜線トレイルによって開通した上《かみ》ノ倉《くら》山から忠次郎《ちゅうじろう》山、上《かみ》ノ間《あい》山へ至る山深い稜線を望む。さらにササの尾根をたどると稲包山だ。ここから群馬県側の法師《ほうし》温泉へ下ることも可能。

　さらに笹原の尾根を行く。特徴の少ないアップダウンが続くので現在地の把握に注意。鉄塔を通過するが、巡視路に迷い込まないように気をつけたい。前方に大きな仙《せん》ノ倉《くら》山を望みながらキワノ平ノ頭を越える。長倉《ながくら》山との鞍部までは長い下りが続く。縦走終盤で疲れの出るころなので慎重に。鞍部から急登で長倉山を越え、三国峠へ下る。峠からはよく踏まれた道をたどって三国トンネルの脇へ下り、ここから国道を浅貝へ向かう。

1 ササヤブの向こうにめざす稲包山を望む。地味な山稜だが、2018年に開通した、ぐんま県境稜線トレイルの一部だ　2 かつての交通の難所も、現在は国道17号が通る

登山アドバイス

谷川連峰の三国峠以西エリアは主脈稜線に比べると登山者が少ないため、踏み跡こそしっかりしているものの、ササヤブに覆われたエリアであった。2018年にぐんま県境稜線トレイルとして再整備されたおかげで刈り払いなどが行なわれているが、ルートの状態は今後の利用状況にも左右されるだろう。危険な岩場などがなく、比較的標高の低い山稜をたどるものの、避難小屋がないこと、登山者の少なさ、エスケープのしにくさなどを考慮すること。

[Data]

山行適期　5月下旬～11月上旬

参考コースタイム

西武クリスタル前⇒旧三国スキー場跡⇒三坂峠分岐⇒三坂峠⇒稲包山⇒キワノ平ノ頭⇒長倉山⇒三国峠⇒三国峠登山口⇒西武クリスタル前…計7時間10分

アクセス　**公共交通：**往復JR上越新幹線越後湯沢駅（南越後観光バス48分、660円）西武クリスタル前　**マイカー：**関越自動車道湯沢ICから国道17号経由、浅貝から旧三国スキー場跡。または三国峠登山口。ともに駐車スペースあり。

問合せ先　南越後観光バス湯沢車庫☎025-784-3321、湯沢町役場観光商工課☎025-784-4850、みなかみ町役場観光商工課☎0278-25-5017

2万5000分ノ1地形図　三国峠・四万

三坂峠〜白砂山

2140m

白《しら》毛門《がもん》から谷川《たにがわ》岳主脈、三国《みくに》峠、白砂《しらすな》山を経て、志賀《しが》高原、四阿《あずまや》山、そして鳥居《とりい》峠へ至る、全長約100kmの「ぐんま県境稜線トレイル」が2018年8月に開通した。そのうち最後に開通したのが、上越県境最西部の、三坂《みさか》峠から白砂山の稜線である。上ノ《かみ》倉《くら》山、忠次郎《ちゅうじろう》山、上《かみ》ノ間《あい》山などが成す奥深い山稜は、谷川連峰と、志賀高原、さらには佐武流《さぶりゅう》山や苗場《なえば》山へと続く信越県境稜線とをつなぐ、国境山脈上の架け橋である。

三坂峠分岐まではP34に詳しい。分岐から笹原を刈り払って拓かれた尾根道を行く。美しいブナ林をたどる心地よい登山道が続く。1766m峰への登りは石と木の根交じりの急斜面で、針葉樹にさえぎられて展望もなく、歩きにくい。このピークを越えると展望のよい笹原へと出て、たおやかな尾根を登っていく。背後には遠く谷川連峰、前方には上ノ倉山、忠次郎山方面を望む。ほどなくしてセバトノ頭。平坦な山頂部だが、針葉樹に囲まれて展望はない。ここから緩やかに下ると水場分岐。笹原の沢筋をわずかに下ると小さな流れの沢に出る。分岐から針葉樹の尾根をたどると笹原を刈り払いした小広場、ムジナ平に着く。テント数張り分のスペースがある。

ムジナ平から笹原の急斜面を登ると大黒《だいこく》ノ頭《あたま》。谷川連峰、佐武流山、鳥甲《とりかぶと》山、苗場山方面を眺めつつ、上ノ倉山を越える。旧三国スキー場からならこの辺りまでが日帰り登山としてふさわしいだろう。この先、岩場交じりのヤセ尾根となるので、滑落に注意。白砂山や浅間山方面の展望が開ける。

続く忠次郎山はササヤブと針葉樹の山。尾根をたどって赤沢山を越える。きつい急登で上ノ間山に立つと大展望が広がる。文字どおり国境山脈の真っただ中という印象だ。さらに笹原の尾根のアップダウンを繰り返し、信越県境稜線とのジャンクションピークへ至る。この付近は足場が外傾していて滑りやすい。ほどなく白砂山に着く。（野反湖へはP120参照）

1 セバトノ頭と上ノ倉山に挟まれたムジナ平。テントを張ることができる　2 大黒ノ頭付近で迎える朝日。遠く谷川連峰を望む　3 白砂山への途上から振り返る上ノ間山と上ノ倉山

[Data]

山行適期　6月上旬～10月下旬

参考コースタイム

1日目　西武クリスタル前⇒旧三国スキー場跡⇒三坂峠分岐⇒1563m峰⇒1766m峰⇒セバトノ頭⇒ムジナ平…計5時間5分

2日目　ムジナ平⇒上ノ倉山⇒忠次郎山⇒上ノ間山⇒白砂山⇒白砂山・八間山分岐⇒地蔵峠⇒野反湖・白砂山登山口…計7時間

アクセス　**公共交通：** 往路 JR上越新幹線越後湯沢駅（南越後観光バス約47分、660円）西武クリスタル前　復路 野反湖（ローズクィーン交通バス1時間16分、1500円）JR吾妻線長野原草津口駅　＊野反湖からのバスは土曜、休日、休校日などは便数が限られるので注意。**マイカー：** 回収が難しいため不適。

問合せ先　南越後観光バス湯沢車庫☎025-784-3321、湯沢町役場観光商工課☎025-784-4850、みなかみ町役場観光商工課☎0278-25-5017、中之条町役場企画政策課☎0279-75-8802、ローズクィーン交通☎0279-76-4031

2万5000分ノ1地形図　三国峠・佐武流山・野反湖

登山アドバイス

ぐんま県境稜線トレイルの開通により、未開通だった三坂峠～白砂山間にも登山道が拓かれた。標識や登山道の刈り払いなども行き届き、安心・快適に歩けるルートである。ただし、エスケープルートや避難小屋はないので、充分な計画、判断が必要。ムジナ平には数張り分のテントスペースがる。セバトノ頭付近の水場は涸れる可能性もあるので、渇水期は避け、初夏や梅雨の晴れ間を選んで計画するのがおすすめ。

COLUMN 1

ブナ

新緑と残雪が入り交じる、ブナ林の春。豪雪の山、鍋倉山にて

3

1

2

僕の通う「国境山脈」は、ブナの山だ。山行は、ほぼ例外なくブナに始まり、ブナに終わる。沢筋や山腹、尾根を覆うブナの木々を縫うようにたどって頂上に立ち、そしてまた、ブナの森へと帰っていく。

ブナに興味をもつようになったのはいつごろのことだっただろう。撮影助手をしていたころに、師匠が自分のフィールドとしての「森」をもっていたことが、自分にとって「森」や「ブナ」を知るきっかけだったと思う。やがて雪山へ通ううちに、いつも出会う「木」としてブナを意識するようになり、雪山への憧れと、ブナへの興味は同時に膨らんでいったような気がする。それが今では、「雪山、雪国、ブナ」という一連の、自分にとって欠くことのできない存在へと膨らんでいったのだ。

赤や黄色で始まるブナの「新緑」。まるで着物を纏っているかのような文様を見せるブナの樹肌。木の大きさも、森の

5

4

1 初夏のアカゲラは、子育てに忙しそうに森の中を飛び回っている　2 ブナ林の笹原で、昼寝から目覚めたツキノワグマ　3 太い幹と奇怪な枝振りのブナ。人の手による「あがりこ」が、雪の力で大きく曲がっていた　4 厳冬の朝、見上げるブナの枝には雪の花が咲いていた　5 足元に息づくブナの新しい命

広さも、何もかもが深遠で、底知れぬ広がりを感じさせる霧のブナ林。雨が樹幹流となって滴り落ちる梅雨の森。夏の日差しが硬い葉っぱにさえぎられ、ざわざわと山の風に揺れる森。紅葉、落葉、そして、吹雪。

ブナは暮らしのなかにもある。以前、近くの集落に借りていた築200年の古民家は、その骨格部分がブナで組まれていたし、今住む集落の冬の祭りには、裏の森から伐り出してきたブナの木を燃やして無病息災を願う。我が家の薪棚にもさまざまな雑木に交じって、ブナの薪が積み重ねられている。

雪山、雪国に、ブナは欠かせぬ存在だ。雪に強く、貯水力に優れ、土壌を育む。人と自然との多様性あるつながりを、この森が作っている。クマやカモシカ、アカゲラや、モリアオガエルが暮らす森の片鱗に、人も暮らす。僕はそんな森に惹かれ、そこから始まる山が大好きだ。

いつでもブナが、そばにある。

大源太山

1598m

豪雪が研ぎ上げた、
野武士のように厳めしい峰へ

七ツ小屋山への登りから
振り返る大源太山。その
荒々しい迫力に息を飲む

左から谷川岳、一ノ倉岳、茂倉岳。後方中央に万太郎山が連なる

1 沢を渡り、深いブナ林を行く。沢やヤブ、新緑や林床の花など変化に富んだ登山道が続く。こんな登山を多様性のある登山、とでも言おうか。そのおかげでつらいはずの急登も苦にならない　2 下山途中、登山道脇に咲くシラネアオイの群落に出会った。無愛想な大源太山がくれた、さりげないプレゼントだろうか

湯《ゆ》沢《ざわ》の温泉街を抜けて、魚野《うおの》川近くの町外れまでやって来ると、重厚な山並みがぐっと迫ってきた。日本海側と太平洋側の障壁をなすようにそびえる上越国境山脈だ。冬ならば光り輝く真っ白な雪に覆われて、あたかも「異界」への入り口のように僕を誘う稜線は、今はヤブの季節を迎えて濃厚な山の匂いを放っているようだ。

その一角に、異彩を放つ山がある。ほかの山々がどっしりと腰を据えてそびえているのに対し、ただひとり、こちらを睨みつけ、挑戦的な、挑発的な雰囲気をまき散らしている。あたかもファイティングポーズをとって身構えてでもいるかのような感じで。周囲の高山からは一段低いくせに、それでいて背伸びをして粋がっているかのような、そんな山。

それが、大源太山《だいげんた》だ。

*

登山道は大源太川の源流に沿って続く。徒渉のある沢筋からブナ林の急登へ。変化のある山道は、やがて展望の開けた尾根へと出た。こんな登山を多様性のある登山、とでも呼ぶべきか。沢、ブナ林、パノラマ、そしてやがて出合うであろう険しい岩場。飽きのこない展開が、次々と現われる。挑発的なファイティングポーズに誘われて大源太山にやって来た僕は、早くもこの山にのされてしまったらしい。短時間にこんなに「お楽しみ」が詰まった山は、そうはないだろう。

しかし、無骨な山だ。登るほどに稜は狭まり、高度感ある岩場が続く。こちらが早々に白旗を掲げ、こりゃいい山だと褒めちぎっているにもかかわらず、相変わらず無愛想に挑みかけてくる。微笑みひとつ見せずに。

狭く、南北に細長い頂上からの展望は言うに及ばない。巻機《まきはた》山から朝日《あさひ》岳に至り、茂倉《しげくら》岳、谷川《たにがわ》岳へ。さらに、万太郎《まんたろう》山、仙《せん》ノ倉《くら》山、平標《たいらっぴょう》山と続いて、遠く苗場《なえば》山。つまり上越国境山脈の中核部分を一望できる。しかし、この先の七《なな》ツ小屋《ごや》山で国境稜線に出るものの、わずか北に位置する大源太山はそのメジャーな稜線上にはない。どこまでもマイナー路線にこだわろうとする強い決意すら感じてしまうのは、あまりにも僕自身の気持ちをこの山に重ね過ぎているだろうか。

　大源太山は眺めがいい、というだけではない。大源太山自体を眺めるのも、変化があっておもしろい。麓や登りの途中から眺めた姿は、コブのようなギャップのあるスカイラインと、ゴロッとした頂上付近の形状が印象的だ。そもそも名前の由来である「ゲンタ」とはこの地方でいう角材の方言らしいが、なにか四角張って重量感のある雰囲気を感じさせる。ところが、七ツ小屋山を過ぎて蓬《よもぎ》峠へ向かう途中から振り返ると、ひときわ目立つピラミダルな鋭峰が目に入る。まるで今日初めて見る山のような気がしてしまうが、先ほど越えてきた大源太山がこれだ。「上越のマッターホルン」などと呼ばれることもあるというが、至極納得いく山容である。

　しかしさらに、シンゴヤノ頭に向かって下って行くと、谷の対岸にそびえる大源太山はまた山容を変える。難しそうなスカイラインと高度感あるフェースに守られた、まるで怪峰のよう。なんとも手強そうな印象を受けてしまうのだ。以前3月に北側の尾根からこの大源太山に登り、西側に延びる弥助尾根を下ったことがあるが、その険しい雪稜の登高は、標高わずか１６００mにも満たない山とは思えないほどの充実した山行であった。登り着いた頂上は、人ひとりがやっと立てるほどの狭い頂点であった。

　さて、そうやって楽しんだこの登山も、再びブナの森へと下り、残りわずかとなってきた。でもここで、今まで微笑み一つ見せてくれなかった、この無骨な大将からの思いがけぬプレゼントが。それは、道ばたに続くシラネアオイの大群落。ブナの新緑をほのかに透かす午後の光に、淡い紫の花が揺れている。なんだ、大源太も、ちょっとはこっちのことを気にかけてくれたんだな、なんて思いながら、僕はシラネアオイの街道を下って行った。

　帰り道、麓の旭原から見上げる大源太山は、野武士のようにひっそりと、そしてやはり堂々とそびえていた。

無骨な峰が、ピラミダルな秀峰に姿を変える。山容の変化を眺めるのも大源太山の楽しみ

大源太山
登山アドバイス

大源太山の山頂部は険しい岩場の登下降が続く。鎖やロープなどが整備されているが、滑落には充分注意して慎重に行動したい。特に七ツ小屋山方面へは長く急な岩場の下りなので要注意。北沢の徒渉点は増水時には通行不能となるので悪天候時の行動は避けること。春の雪融け時期にも増水して渡れないことがあるので注意。また、シンゴヤノ頭との分岐の先には営業小屋の蓬ヒュッテがあるので、ゆっくり山中泊のプランも楽しめる。

[Data]

山行適期 5月下旬～11月上旬

参考コースタイム 大源太山登山口⇒徒渉点⇒大源太山⇒七ツ小屋山⇒シンゴヤノ頭⇒大源太山登山口…計7時間5分

アクセス **公共交通**：JR上越新幹線越後湯沢駅（南越後観光バス25分、330円）旭原下車、登山口まで徒歩1時間。**マイカー**：関越道湯沢ICから大源太キャニオンをめざし、旭原から林道を経て登山口まで約10km、約20分。約10台分の駐車スペースがある。

問合せ先 湯沢町役場産業観光部観光商工課☎025-784-4850、南越後観光バス六日町営業所☎025-773-2573

2万5000分ノ1地形図 茂倉岳

巻機山

1967m

巻機姫伝説に思いをはせて
宝石のような池塘をめぐる

池塘が点在する巻機山の
頂稜・御機屋から、遠く
谷川連峰を望む

牛ヶ岳から望む山稜は、群馬と新潟県境をたどる国境稜線だ

1 一枚の葉の中に、複雑な紅葉模様を見せる美しいオオカメノキ　2 堂々かつ個性的な越後三山。右から中ノ岳、越後駒ヶ岳、八海山

「井戸の壁」を越えると尾根の傾斜も一段落。美しいブナ林を行く

利根川源流域をたどる笹原の稜線。たおやかな起伏の中に、かすかな踏み跡が続く

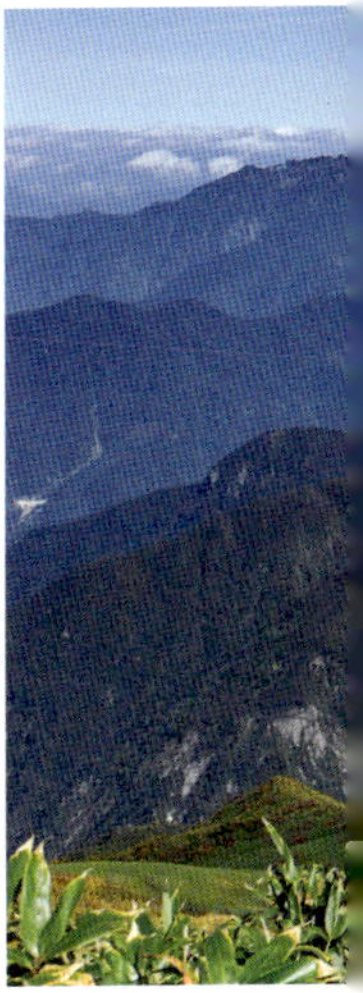

御機屋から牛ヶ岳へ向かう木道。池塘と展望の山稜をたどる

長野県飯山市の山沿いにある僕の自宅からは、どっしりと大きな山が望める。巻機《まきはた》山だ。谷間を流れる千曲《ちくま》川魚沼《うおぬま》の小高い丘陵地を越えた向こう側にその山はある。春の夜明け、燃え立つ太陽とともに山稜を赤く染める姿。冬晴れの日、崩れ落ちそうなほどの新雪をまとって輝きそびえる姿。四季を問わず、その山容が望める日は、何とも言えず山恋しくなる。目的地は巻機山とは限らないけれど、その姿にあおられるようにして僕は地図を開き、道具をザックに詰め込むのだ。

　秋のある日、そんな巻機山に誘われて僕は山に向かった。桜坂《さくらざか》の駐車場を後に取り付く井戸《いど》尾根は、「井戸の壁」なんて呼ばれるほどの急登が続く。巻機山というとたおやかな山稜をイメージするが、それはずっと後半になってからのこと。九合目のニセ巻機山までは、ただひたすら登り続けるしかない。

＊

　巻機山の山名は、山中で機織りをする美しい姫・巻機姫の伝説に由来する。その伝説ゆえか、機織りの神様の山として、古くから地元の人々の信仰を集めてきたという。「御機屋《おはたや》」と呼ばれる頂上稜線の名前からもわかるように、機織りとは切っても切れない縁がこの山にはあるようだ。そもそも地元南魚沼市は、国の重要無形文化財にも指定されている織物「越後上布」で知られる里。湿度の高い雪国の風土がつないできた伝統は、古くから農閑期の仕事として伝えられてきたという。標高２０００ｍには届かぬものの、里の背後にどっしりとそびえる巻機山は、この雪国の暮らしに欠かせぬ存在として愛され続けてきた山なのだ。

＊

　秋のブナ林は彩りばかりでなく、匂いに満ちている。葉っぱなのか、実なのか、何が発するのか知らないけれど、この時期特有の匂いがする。ケモノ臭さとは違う、森の匂い。湿った土や菌類、もしかしたら紅葉が放つ匂いなのかもしれない。こんな山に来ると、視覚ばかりでなく、もっと別の感覚で山を味わう楽しさに気づかされる。

八合目から階段の急登をたどると、やがてニセ巻機山の連なりに出た。正面にはめざす巻機山の大きな頂稜が横たわる。あの稜線を御機屋と呼ぶのだろう。これに割引《わりめき》岳と牛《うし》ヶ岳を合わせた大きな山稜全体を「巻機山」と呼ぶ。草もみじと針葉樹のコントラストが引き立つ山腹に、米子沢源頭の沢筋がアクセントをつける。たおやかで、雄大な巻機山。はたして、美しい機織り姫に出会うことができるだろうか。

ニセ巻機山を越えてすぐ、避難小屋を通過する。いよいよ巻機山らしい広がりのなかへと入っていく。そしてもうひとつ、「水」だ。巻機山らしい豊かな水が、山の肌からあふれ出している。点在する池塘、木道を濡らして流れる水。大きな山体が蓄えた水が、至る所で見え隠れしている。これはもちろん夏に降った雨もあろう。だけどやはり豪雪の山ゆえの潤いに違いない。遥か足元に広がる魚沼の田園が、この雪の恵みを何よりも物語っている。

「雪ありて縮あり、されば越後縮は雪と人と気力相半ばして名産の名あり、魚沼郡の雪は縮の親といふべし」

これは江戸時代の文人、鈴木牧之《すずきぼくし》がその著書『北越雪譜《ほくえつせっぷ》』の中で、越後上布の一種である越後縮について語った言葉。巻機山山麓の塩沢出身である牧之が、雪と人と縮と、つまり雪と暮らしのつながりを語ったものだ。その眼前には、もちろん巻機山がそびえていたことだろう。

やがて割引岳と牛ヶ岳をつなぐ主稜線に出た。広い山稜を取り囲むのは、国境稜線の峰々だ。宝石のように輝く太陽を抱く池塘の向こうに、遠く谷川連峰から苗場山へ至る山並みが連なっている。さらに稜線をたどれば、利根川源流域を囲む最深部の山々が姿を見せた。小沢《おざわ》岳、下《しも》津《つ》川《ごう》山、遠く平《ひら》ヶ岳、さらにその向こうに見えるのは燧《ひうち》ヶ岳だ。その重厚な山並みには、ただただ息をのむしかない。

ここ巻機山には、きっと機織り姫が住んでいることだろう。そして連なる峰々には、神や鬼や、そのほか何がいたって不思議ではない。そんなふうに思わせる風景が広がっていた。

割引岳へ向かう稜線から望む、妙高・火打山。はるかなる国境山脈の連なり

巻機山 登山アドバイス

長いルートなので早発ちを心がけたい。特にバス利用の場合は朝の時間が制約されるので慎重に計画すること。登山口の桜坂にはキャンプ場が、清水集落には民宿があるので、登山口へのアクセス状況によっては前夜泊もおすすめだ。ルートとなっている井戸尾根は岩場などの危険箇所はないものの、断続的に急傾斜がある。特に序盤の五合目や中盤のニセ巻機山へは急登が続くので、ペース配分を考えて登りたい。下降時は膝などへの負担減を心がけること。

[Data]

山行適期　5月下旬～10月下旬

参考コースタイム

清水⇒桜坂駐車場⇒五合目⇒ニセ巻機山（九合目）⇒御機屋⇒巻機山最高点⇒牛ヶ岳⇒御機屋⇒割引岳⇒御機屋⇒ニセ巻機山（九合目）⇒五合目⇒桜坂駐車場⇒清水…計10時間20分

アクセス　**公共交通：**往復JR上越線六日町駅（南越後観光バス30分、470円）清水　**マイカー：**関越道塩沢石打ICから県道28号、国道291号を経由して約17km、約30分で桜坂駐車場へ（駐車料1日500円）。

問合せ先　南越後観光バス六日町営業所☎025-773-2573、南魚沼市商工観光課☎025-773-6665

2万5000分ノ1地形図　巻機山

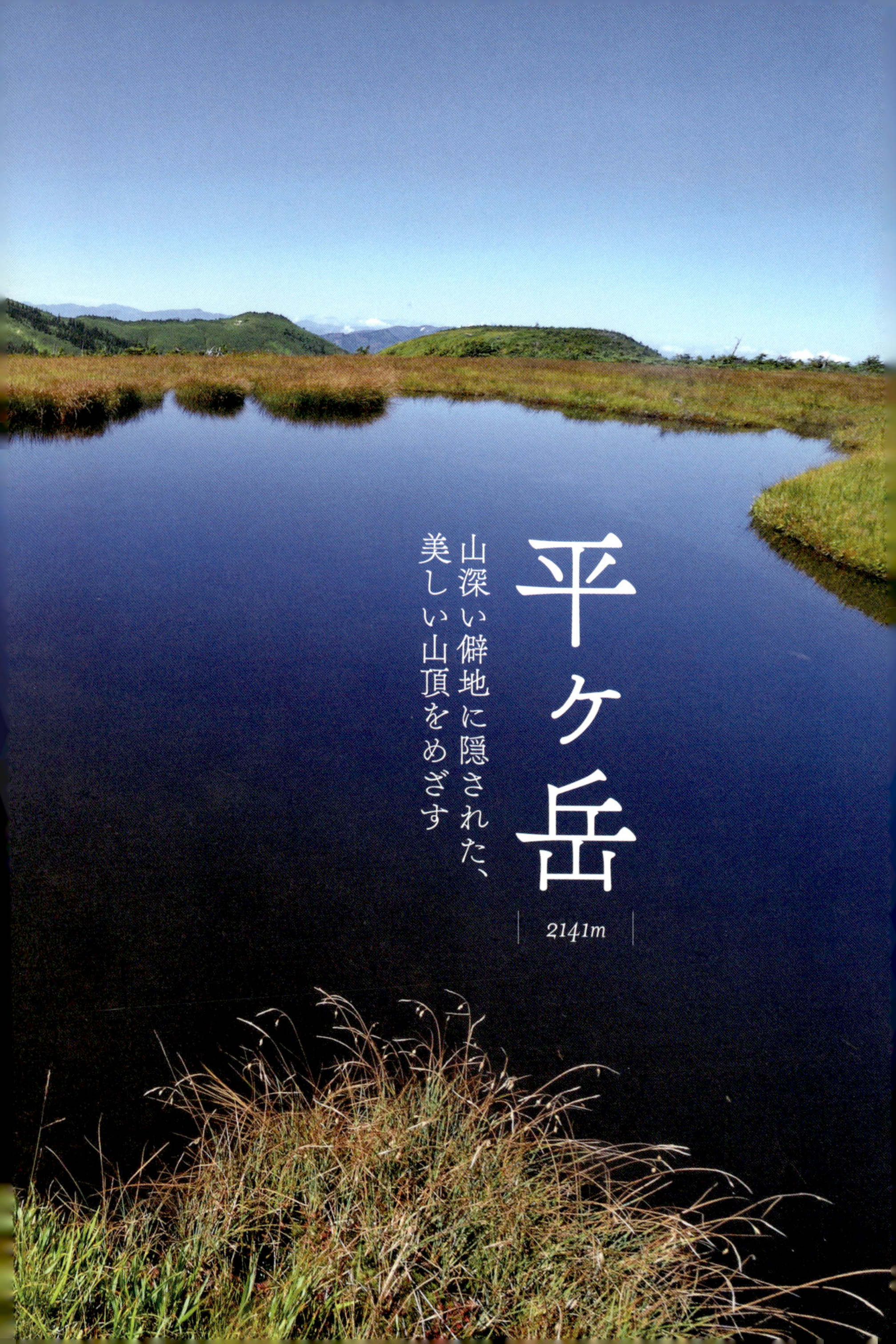
平ケ岳
2141m
山深い僻地に隠された、
美しい山頂をめざす

秋の青空を映す姫ノ池から望む平ヶ岳。広大な山頂をめざして山稜を行く

夜明けのころ、美しい燧ヶ岳を望む。あの麓には尾瀬ヶ原が広がっている

下台倉山へは急登が続く。長丁場の下りでは膝を痛めぬように注意

1 深い山並みに押されるように、姫ノ池へ向けて最後の急登を行く　2 登山道脇にひっそりと咲いていたミヤマママコナを見つけた

池ノ岳手前から笹原の向こうに平ヶ岳を望む。背後に至仏山も姿を見せた

玉子石と美しい湿原。背後は剱ヶ倉山から小沢岳へ連なる国境稜線

平《ひら》

ヶ岳は僻地の山である。新潟、群馬、福島が接する尾瀬《おぜ》のすぐ隣、山が山を覆う場所に、平ヶ岳はある。山深いだけが特徴のような、こんな隔絶感のある山がなぜ世間に広く知られるようになったか。それは、深田久弥《ふかだきゅうや》の日本百名山の一山にほかならないからであろう。

久弥は平ヶ岳を百名山に選ぶ「資格」として、以下の三点を挙げている。一に、利根《とね》川源流地域の最高峰であること。二に、長く平らで、個性的な頂上をもつこと。そして三に、山深く、人跡まれな地勢。なにしろ久弥はこの山を登るのに、沢とヤブを伝って5日もかけているのだ。

朝5時。すでに駐車場はいっぱいだ。さすが百名山である。往復20㎞を超える日帰り往復登山としては、この時間では少し遅い出発といえるかもしれない。山へ続く夜明け前の森からは、揺れるヘッドランプの明かりとともに、クマよけの鈴の音が聞こえてくる。何か遅刻でもしたかのような焦りすら感じるものの、まあしかし、久弥の時代と違って踏み固められた登山道があるのだ。長い山だからこそマイペース、と思い直して、登山口を後にした。

はるか尾根の上空には、月が今朝最後の輝きを放っている。ほどなく頭上の山稜に日が当たりだした。東に面している尾根なので、すぐにここまで光が下りてくるだろう。気温が上がる前に、少しでも高度を上げておきたいと思う。

背後の燧《ひうち》ヶ岳が美しい。幾重にも重なる尾根に阻まれて姿こそ見えないものの、あの麓には広大な尾瀬ヶ原が広がっているはずだ。

急登の末に下台倉《だいくら》山へ這い上がる。頂上の少し先で、めざす平ヶ岳を見つけた。遠い。はるか尾根の彼方に、ぽっこりと丸みを帯びた頂上をのぞかせている。あんな所まで行って、はたして日のあるうちに帰ってこられるのだろうか。

かつて深田久弥の一行は、中《なか》ノ岐《また》川から二岐《ふたまた》沢へと遡り、池《いけ》ノ岳へ通じる尾根に取り付いた。猛烈な「藪潜り」の末に池ノ岳へと出て、さらにヤブをこいでやっと念願の平ヶ岳にたどり着く。ここまでですでに3日間。下山は、かつて水鉛の採掘に使われていたという水長《みなが》沢の旧道をたどって、さらに2日間をかけた。その探検的登山への久弥の想いこそが、百名山の一山となって現われたのであろう。

一方、いくら長い行程といっても、今僕がしているのは所詮日帰り往復登山。こうして短時間で深山の山頂に立てる幸運を思うものの、久弥のこの山への想いを感じるのは難しい。だからこそ慌てず焦らず、時に立ち止まり周囲を見回して、深遠たる山の息吹を少しでも感じたいと願うのだ。

台倉山から続く樹林の尾根から、やがて展望のよい笹原へと出た。燧ヶ岳から会津駒《あいづこま》ヶ岳へ、これまた百名山の稜線が背後に延びる。笹原の向こうには、ぐっと近づいた平ヶ岳。澄んだ青空の下、たおやかな稜線が招いている。

急登から木道をたどると姫ノ池に飛び出した。きっと久弥も眺めたであろう風景。しかし、『日本百名山』にはこの池の記述はなく、ただ「気持ちのいい草原に出てホッとした」とあるのみだ。美しい姫ノ池に出会った感動よりも、つらいヤブこぎから解放されるうれしさのほうが勝ったということだろうか。

　ここから緩やかな山稜をたどって、ようやく頂上へ。さえぎるもののない山頂部は、池塘が点在する広大な草原だ。名前の由来である「平」が、今、僕の足元に広がっている。

　帰り道、せっかくだからと、有名な玉子石に立ち寄った。不思議な浸食岩の向こうには、群馬と新潟を分かつ、利根川源流域を形成する稜線が続く。さらにその先は、越後駒《えちごこま》ヶ岳から下《しも》津川《つごう》山、そして巻機《まきはた》山へと連なる長大な山稜が延びていた。

　気がつくと、尾根を行き交っていた登山者の姿がほとんどない。もうみんな登頂を終えて下りにかかっているのだろう。百名山をめざす人たちのなかでも、登山の経験を充分積んだ人たちがやってくる平ヶ岳だけに、みな健脚ぞろいのようだ。僕もそろそろ長い下りにかからねばならない。しかし人の姿が消えた、静かなこの山稜を後にするのは、なんとも残念なことである。

　久弥は、『日本百名山』の平ヶ岳をこう締めくくる。「平ヶ岳はふたたび道のない山として、その美しい山頂が保存されるに違いない」

　新しい道が造られて、多くの登山者がやってくる山となった今でも、やはり美しい山頂は、いつまでも美しいままであってほしい、と願うのだ。

平ヶ岳の広大な頂上から、はるか遠くにそびえる谷川連峰を眺める

平ヶ岳の山頂はその名のとおり、広く平ら。山また山の大展望が広がる。美しい湿原の向こうにそびえるのは、中ノ岳と越後駒ヶ岳

平ヶ岳 登山アドバイス

コース中に特別危険な箇所はないものの、行程が長いので充分な体力が必要。ペース配分や天候判断も慎重に。鷹ノ巣周辺の宿に前泊し、なるべく早出することが望ましい。後半は長い下りが続くので、膝痛などの予防策が大切だ。マイカーでのアクセスは奥只見湖畔の狭い道路を通過するのですれ違いなどに注意。シーズン初めの除雪状況によっては道路の開通が遅れることがある。

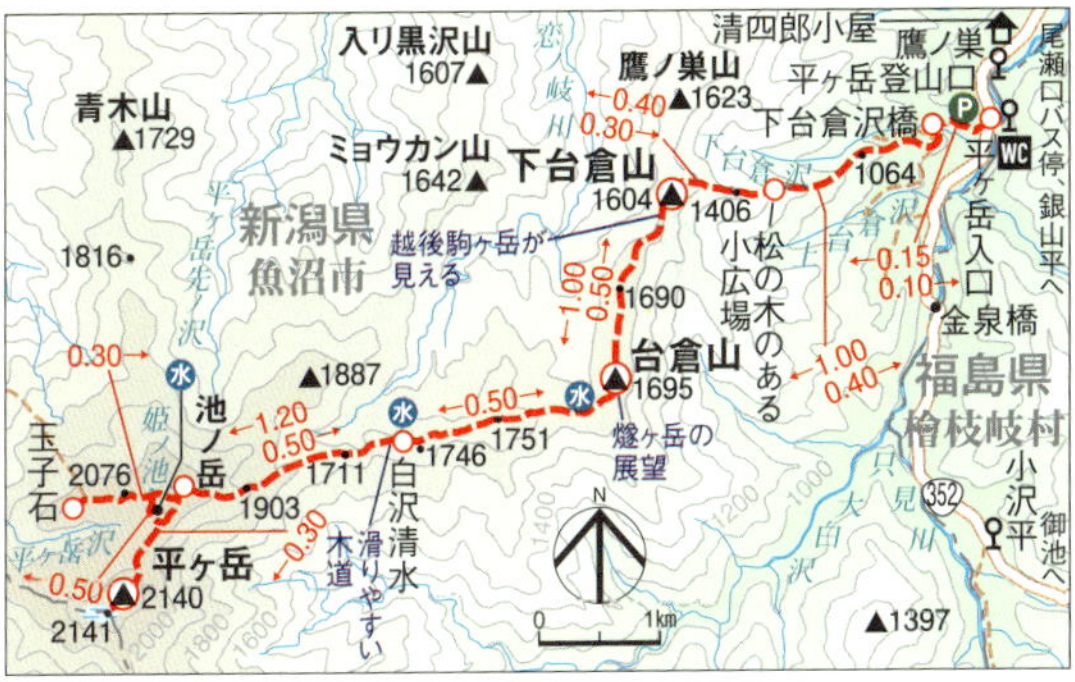

[Data]

山行適期　6月中旬～10月下旬

参考コースタイム

平ヶ岳登山口⇒下台倉沢橋⇒松の木のある小広場⇒下台倉山⇒台倉山⇒白沢清水⇒姫ノ池⇒平ヶ岳⇒玉子石⇒姫ノ池⇒白沢清水⇒台倉山⇒下台倉山⇒松の木のある小広場⇒下台倉沢橋⇒平ヶ岳登山口…計10時間45分

アクセス　**公共交通　新潟側から：**往復JR上越新幹線浦佐駅（南越後観光バス1時間20分、940円）奥只見ダム（奥只見湖遊覧船40分、1250円）尾瀬口船着場（会津バス7分、390円）平ヶ岳入口　**福島側から：**往復会津鉄道会津高原尾瀬口駅（会津バス1時間40分、2140円）尾瀬御池（会津バス30分、920円）平ヶ岳入口

＊浦佐駅～奥只見ダム～尾瀬口船着場～平ヶ岳入口、尾瀬御池～平ヶ岳入口の交通機関は要予約。便数、運行日に注意。天候や道路事情によって変更、運休などの可能性あり。問い合わせ、予約は魚沼市観光協会、もしくは各運行会社へ。アクセスに時間がかかるため、鷹ノ巣付近での前泊が必要。**マイカー：**関越道小出ICから国道352号経由で平ヶ岳登山口へ約60㎞、約2時間。登山口に約20台分の無料駐車場あり。

問合せ先　魚沼市観光協会☎025-792-7300、会津バス田島営業所☎0241-62-0134、奥只見観光☎025-795-2750、南越後観光バス小出営業所☎025-792-8114

2万5000分ノ1地形図　平ヶ岳

「百間ベザイ」と呼ばれる岩屏風のような頂上稜線。背後には苗場山の白い稜線が続く

金城山

1369m

屏風のような岩壁を連ねた、
大展望の前衛峰をめざす

淡い色合いを見せる沢筋の木々。背後の八海山や中ノ岳はまだ雪を残している

1 足元に広がる魚沼の田んぼには、少しずつ水が引かれ始めていた　2 尾根の途中で出会ったいびつな樹形をしたブナ。薪や炭として里の暮らしを支えた「あがりこ」だろうか

山麓の集落を抜けたのは、ついさっきのことだった気がする。小さな暮らしの集まりとはいえ、確かな人間の匂いを感じさせる集落からさほど遠くまで来ていないはずなのに、すでにもうその気配はない。急な斜面を覆うフキやコゴミ、あちこちから染み出す沢水。そんなたわいもない山の風景が、少し大げさだけれど、原始の匂いとでもいうようなものを発している。それは水の匂いだろうか、土の匂いだろうか。それとも草の匂いなのだろうか。厳しい豪雪の季節に押しつぶされていた何もかもが、その鬱憤を晴らそうと吐き出す息吹だったのかもしれない。どこか得体の知れない深い山奥ではなく、こんな里近くの小さな山で、山が本来もっている自然そのものの匂いを感じられたことをうれしく思った。

踏み跡、と呼ぶほうがふさわしいような登山道が沢筋に続いていた。滑りやすい岩場や泥道に気を使いながらふと顔を上げると、淡い色合いを見せる梢の向こうに、ゴツゴツとした八海《はっかい》山が顔をのぞかせていた。

巻機《まきはた》山の前衛峰として知られる金城《きんじょう》山。南魚《みなみうお》沼《ぬま》の人に親しまれている坂戸《さかど》山から、巻機山へ続く稜線の一角をなす。麓の六日町《むいかまち》から眺める姿は、しかし前衛峰などという存在をはるかに超えてそびえている。その堂々とした姿が金の文字に見えることが、名前の由来だという。なるほどそう言われればそう見えなくもないが、とにかく金の名に恥じない名山であることに違いはない。たかが標高1369mの山なのに、頂上へ向けて突き上げる尾根はどれも急峻で厳しい。頂稜は岩屏風のような高度感ある岩稜帯で、かつては修験者たちの行場だったと伝えられている。さらに豪雪の山。果てしないラッセルの末に、頂上目前に下山した悔しい思い出がある。山の価値は決して高さなどではないということを僕に思い知らせてくれたのが、この金城山なのだ。

＊

やがて大小さまざまな滝を見せる沢筋を離れ、尾根に上がった。ここからはブナがみごとだ。ブナ林の縁に暮らす自分にとって、もちろんブナは珍しい木ではない。でもこうして山で眺めるブナの森は、いつでも真新しく、見飽きることがない。頂上から望む大パノラマももちろん大好きだけれど、こんな森の風景も、僕は気に入っている。

そんななかに、野太い奇怪なブナを見つけた。あがりこ、だろうか。薪炭材として毎年のように利用される木は、切られた先から萌芽するため何とも奇怪な姿になっていく。そのような木を「あがりこ」と呼ぶが、こんな尾根の途中まで薪炭材を求めて誰か登ってきたのだろうか。山と里の接点のような人の痕跡との出会いは、なんだかうれしいものである。

とにかく急な尾根だ。八合目の先の水場で一休みした後、いよいよ頂稜へ向けて、最後の登りにかかった。木々が途切れると、足元には静かな湖面のように、水をたたえた魚沼の水田が広がっていた。

やがて高度感あふれる岩稜帯の頭に出た。頂上稜線だ。数年前の3月に、ここで力尽きて下山したのを思い出す。翌シーズンにリベンジを果たしたものの、登れなかったときの想いのほうが強く残るものだ。正面には巻機山。越《えち》後《ご》三《さん》山《ざん》も見渡せる。この到達感も、とても標高１４００ｍに満たない山とは思えない。登山口からの標高差１１００ｍものきつい登りのご褒美は、やはりこの大展望なのだろう。この風景を前にすると、さすがに金城山が巻機山の前衛峰であることを認めざるを得ないけれど、大いなる山脈の一角にこうしてかじりつき、見果てぬ山への想いを強くするのもわるくはない。

頂上を後に下る尾根道は、登り同様、うんざりするほど急で長い。この山に漂うかすかな原始の匂いをかぎながら、僕は足元の小さな集落へと、少しずつ下っていった。

頂上近くの湿地ではミズバショウが咲いていた。雪と土と水が、山の命を育んでいる

大きな巻機山へと続く稜線を望む。山腹では冬と春のせめぎ合いが始まっていた

金城山 登山アドバイス

1400mにも満たない金城山だが、登山口からの標高差が1100mにも及ぶ厳しいルートだ。標高が低いので、盛夏は避けたほうが無難。急な岩場もあるので登下降ともに慎重に。特に水無コースの六合目付近の岩場は滑りやすく、傾斜もきつい。鎖はあるが滑落には要注意だ。また、バスは便数が少ないので行動計画をしっかり立てること。マイカー利用がおすすめだ。

[Data]

山行適期　5月下旬～11月上旬

参考コースタイム　登山口⇒二合目⇒六合目⇒五十沢・雲洞コース分岐⇒水場分岐⇒金城山⇒五合目⇒二合目⇒登山口…計7時間20分

アクセス　**公共交通：**往復JR上越線六日町駅（南越後観光バス15分、300円）五十沢中学校前下車、登山口まで徒歩約40分。**マイカー：**関越道六日町ICから県道233号経由、金城集落を経て登山口まで約10km、約20分。約10台分の無料駐車場あり。

問合せ先　南魚沼市商工観光課☎025-773-6665、南越後観光バス☎025-773-2573

2万5000分ノ1地形図　六日町

荒沢岳

秘境にそびえる
荒鷲のごとき威容

1969m

まるで鷲が大きく翼を広げたような荒沢岳。その登路は長く険しい

まるで不気味な悪魔の要塞のように立ちはだかる前嵓。ルートは岩壁の基部を巻いて通過して、急なリッジを鎖に導かれて登る

1 花降岳とのジャンクションを過ぎてもヤブと岩と雪の山稜が続く。そんな険しい道端で、可憐なミヤマリンドウを見つけた　2 輝く水を蓄える奥只見湖。湖底に沈んだかつての鉱山街のにぎわいに思いを馳せる

悪魔の要塞のような岩峰がそそり立っている。一体どこにルートがあるのか、皆目見当もつかない。絶望的な様相の稜線、さらに拒絶的な側壁。めざす頂上はまだそのはるか向こうだ。やれやれ、厄介な山に来てしまった……。

荒沢《あらさわ》岳の前嵓。立ちはだかる岩峰が、ここへ来たことを僕に後悔させる。自ら請うて荒沢岳に来たのではなかったか。荒鷲のようなフォルムと、得体の知れない奥只見湖《おくただみ》や銀山平《ぎんざんだいら》の雰囲気に惹かれて、この深山へやって来たのではなかったか。でも今、この岩峰を前にして、情けなくも弱腰の自分を認めざるを得ないのだった。

銀山平というのは江戸時代に発見、採掘された銀山に由来する。良質の銀を産出していたものの、2度にわたる事故により江戸末期に閉山された。最盛期には2万5000人もの人口があったという当時の鉱山街も、1962年に完成した奥只見ダムの湖底に沈んでしまった。越《えち》後駒《ごこま》ヶ岳から延びる尾根上にある、明神《みょうじん》峠を越えて小出方面へ銀を運んでいた道は、現在「銀の道」として整備され、往時をしのぶハイキングが楽しめる。ここは本来なら人の暮らしから隔絶された世界だが、ダムという巨大人工物があるおかげで、容易に入ることができるという、なんだか不思議な場所。いわば、大自然と大人工物が絡み合う「秘境」なのである。

銀山平を後にたどる登山道は、サンカヨウやシラネアオイなど春の野草に導かれ、なんとも平和なプロムナード。タヌキだろうか、登山道の残雪には山を闊歩する先行者の痕跡が残されている。しかしそれは、この先に待ち受ける、あの悪魔の要塞への甘い誘惑路だったのだ。ブナの色濃い梢の向こうには、両翼を広げる鷲のような荒沢岳が、高く遠くそびえていた。

やがて行く手に怪峰が立ちふさがる。前嵓《まえくら》だ。モコモコとした木々に覆われた山稜を急峻にせり上げて、不気味な尖塔が天を突く。いよいよ悪魔の住み処へと登っていかなければならない。

出だしは北西面の樹林帯を行く。岩と木の根を伝う急登だ。鎖、ハシゴ、また鎖。それでも木立の中の登りは高度感がさえぎられ、恐怖感はない。這いつくばるようにして岩場を乗っ越すと、前嵓の肩とでも言うべき小広場に出た。

さて、道が途絶えてしまった。まるでそんな感じ。稜上はおろか、巻き道すらない。この先どうしろと言うのか。

ルートは岩壁の基部を東側から巻いて通過し、前嵓へ続く急峻な稜をたどる。一言で言えばそんな感じだが、実際は言うほど易いものではない。まずは岩壁基部への下りだ。滑りやすいヤブと岩の境目を、ロープに沿って下る。雪解け直後のヤブ斜面にはシラネアオイやウルイなど、春の命があふれている。僕はこんな風景が大好きだが、今はそれを味わう余裕もない。細い灌木が申し訳程度に生えるこの斜面は、冬には岩壁から絶えず落ちる雪崩にさらされることだろう。そんな厳冬の様相を、揺れる灌木につかまりながら思い浮かべてみるのだった。

足元が不安定な巻き道から沢筋の急な岩場を行く。さらに高度感ある稜へと出て、一気に前嵓へと這い上がる。鎖頼りだが、岩が滑りやすくて怖い。ルート上の鎖などは、雪害から守るために毎年秋には取り外され、また翌年の雪解け後に整備されるという。なんと大変な作業だろう。実際、鎖がなければどうにもならないルートなだけに、そのありがたさが身にしみる。

やっとの思いで悪魔の要塞・前嵓にたどり着いた。恐ろしい前嵓。とりあえず下りのことは考えずに、荒沢岳をめざそう。しかし、ここまで来ても、なんと頂上が遠く見えることだろう。

それでも今までのような危険箇所はない。急なヤブ尾根を、しんどくても一歩一歩たどればよい。どっしりとした越後駒ヶ岳や、霞の向こうに未丈ヶ岳《みじょう》や守門岳《すもん》が見える。はるか足元には奥只見湖が輝いている。

花降岳《はなふり》とのジャンクションに出て、いよいよ荒沢岳へ最後の稜線を行く。しかし、険しい。急なリッジは、ヤブと雪と岩を絡めて、なかなか頂上を踏ませてはくれない。荒鷲の、その頂点をめざして。登るごとに広がる展望に励まされて。はるか大水上山を経て、中ノ岳や越後駒ヶ岳へと延々と連なる稜線を目の前にしたとき、僕はやっと念願の荒沢岳にたどり着いたのだった。

1 荒沢岳山頂から、灰ノ又山を経て大水上山へと続く山稜を望む。はるかに連なるのは利根川源流域の山々　2 険しい山稜に立つ新緑のダケカンバ

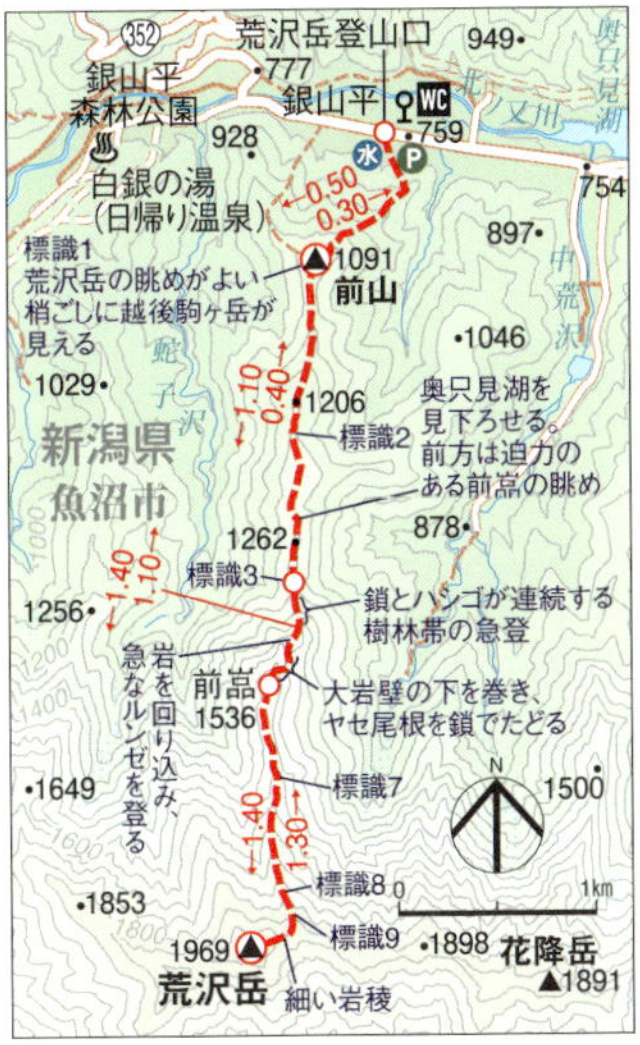

荒沢岳 登山アドバイス

前嵓は険しい岩場が連続する。鎖などが備えられているが、整備は北アルプスの主要縦走路のようには行き届いていないので、それなりの覚悟で臨むこと。入山時期が早いと、鎖などのルート整備がされていないので要注意。ルート全体を通して急な登下降が続くため、体力も要求される。特に下降時は慎重に行動したい。行動時間が長いので、銀山平内の民宿やキャンプ場などを利用して前泊するのがおすすめだ。

[Data]

山行適期　6月中旬〜10月中旬

参考コースタイム

荒沢岳登山口⇒前嵓⇒荒沢岳⇒前嵓⇒荒沢岳登山口…計9時間10分

アクセス　**公共交通：**往復JR上越新幹線浦佐駅（南越後観光バス1時間、800円）銀山平、またはJR上越線小出駅（南越後観光バス1時間20分、820円）荒沢岳登山口　＊どちらの便も本数、運行日、期間などが限られるので事前によく調べて利用すること。

マイカー：関越道小出ICから奥只見シルバーラインを経て銀山平まで約40分。荒沢岳登山口に駐車スペースあり。

問合せ先　魚沼市観光協会☎025-792-7300、南越後観光バス小出営業所☎025-792-8114

2万5000分ノ1地形図　奥只見湖

越後三山

深い谷と急峻な尾根がつくる
豪雪の山の厳しい風景

1778m
（八海山）

2085m
（中ノ岳）

2003m
（越後駒ヶ岳）

オカメノゾキをすぐ足元に見
下ろして、八合目、御月山、
その背後にかすむ中ノ岳へと
せり上がる山稜を眺める

険しい修験の道、八ツ峰を越えて、入道岳への登りから八海山を振り返る

標高500mに満たない十二平付近を埋める残雪。豪雪を目の当たりにする

1 越後三山に初夏を告げるシャクナゲ　2 グシガハナに立つと正面にオカメノゾキを見下ろす縦走路が見えた

雪崩と水流に磨かれた険しい壁にも、生命力溢れる植物が繁茂する

越後駒ヶ岳への登りから、中ノ岳、御月山、八海山へ続く稜線を振り返る

はなこさん。

八海《はっかい》山(は)、中《なか》ノ岳(な)、越後駒《えちごこま》ヶ岳(こ)からなる越後三山は、地元魚沼ではそんな素敵な名前で呼ばれている。なんだかほんわりと心が温かくなるような名前。いかにこの山々の存在が、里の暮らしに溶け込み、土地に愛されているかが伝わる呼び名だと思う。でも、そんな愛くるしい「はなこさん」は、実はとんでもないじゃじゃ馬だったりする。標高たった２００ｍ台の登山口から始まる急登。岩場と鎖が連続する八海山の行者道。最低鞍部・オカメノゾキを挟む、狭く急峻な尾根のアップダウン。重厚な山稜の縦走路。グシガハナから標高差約１３００ｍもの急下降。これでもか、と言わんばかりの「はなこさん」のじゃじゃ馬ぶりである。北アルプスでもこれだけ充実した縦走路は、そうは望めないだろう。

*

朝4時半。越後駒ヶ岳の左肩に、薄ぼんやりとした朝日が昇った。明日は天気が崩れる予報なので、なんとか今日中にあのエチコマまで行ってしまいたい。きっと今日は長い一日になるだろう。大倉口登山口から標高差1400mを登って八海山避難小屋までやってきたのは昨日のこと。いよいよここから「はなこさん」縦走が始まるのだ。

　不動《ふどう》岳から大日《だいにち》岳に至る八《や》ツ峰は急峻な鎖場の連続だ。とはいえ、ここでビビっているようなら、この先、中ノ岳への縦走などありえない。今日の核心部はまだこの先なのだから。

　八海山最高峰の入道《にゅうどう》岳から五龍《ごりゅう》岳へ。中ノ岳へ続くキレットが、いよいよ行く手に見え始めた。湿気の多い大気に朝の逆光が差し込み、山稜が霞の彼方に薄く浮かび上がる。行く手の詳細がままならないその様に、不安感があおられる。あれがオカメノゾキだろうか。低い！　そして、その登り返しのなんと急峻なことか！

　五龍岳を過ぎると、とたんに道がわるくなった。ヤブに覆われ、細く、そして急だ。ズルズルとヤブにすがるようにして、ひたすら下っていく。気をつけないと狭い登山道を踏み外し、ときに片足が宙に浮く。

　細かなアップダウンを繰り返して荒《あら》山に立つ。地の底のようなオカメノゾキと、正面の御月《おつき》山、中ノ岳へのせり上がりが凄まじい。たどる尾根から幾筋もの急峻な稜が谷底へと延び、その険しさに圧倒される。谷筋に張りつく雪渓、雪崩と水流に磨かれた広大なスラブ。そんな荒々しい山肌を覆うヤブ。厳しい豪雪地帯の山の風景である。

　気合いを入れ直し、急峻なヤブ尾根の下降を続ける。引きずり込まれそうに深い両側の谷に見とれながら鞍部を過ぎると、鎖を伝う急登が始まった。どうやら先ほどの鞍部がオカメノゾキだったらしい。これからは中ノ岳へ向けて厳しい登りが続くのだ。

　トンネルのようなヤブに覆われて視界が利かない。

中ノ岳への登り途中、雪が消えたばかりの草原に、可憐なハクサンコザクラが咲いていた

長い縦走の途中、天狗平付近でみごとな花をつけたコバイケイソウを見つけた

クマが怖くて鈴ばかりでなく声も出す。こんな山では誰かに会うはずもなく、クマよけの声は、山狂いの変人の奇声となって、ヤブの中へと吸い込まれていった。

這い上がるようにして八合目のピークに出た。傾斜を落としたヤブ尾根をさらに登ると、やっと御月山だ。ここからひと下りの鞍部の雪渓で水を補給して、中ノ岳へ向かう。残雪にルートが覆われて判然としないが、それでもヤブ漕ぎよりはいい。ミニバイルとキックステップを着実に雪面に利かせ、喘ぎ喘ぎひたすら高度を稼いでいく。

ついに中ノ岳。天候悪化の兆しか、八海山も越後駒ヶ岳も薄青く霞に沈み、その輪郭すら危うい。それでも今日は天気ももちそうだし、時間にも余裕があったので、さらに縦走路を一人たどる。「はなこ」の「こ」をめざして。

人っ子一人出会わない山稜は、大きな山々を巡る夢の懸け橋のように三山をつなぐ。歩きにくい檜廊下から天狗平を越えると、背後に中ノ岳を従えて、越後駒ヶ岳へ急登が続く。

思えばこの越後三山は、僕の学生時代からの憧れの山。古い雑誌に、厳冬期の記録を見つけてその存在を知ってから、畏怖と憧れを抱いてきた。冬季に、とはいかないけれど、今やっとこの憧れの縦走に挑んで想いを遂げられる。きつい一日。長い一日。憧れの縦走路。そんな想いに浸りながら、僕はやっと越後駒ヶ岳の頂上に立った。

翌朝。夜明けまで駒の小屋の屋根を叩き続けた雨はやみ、風のみが山を震わせていた。小屋を後にグシガハナに立つと、八海山と中ノ岳をつなぐ、あの山稜が見えた。「ああ、あれをたどってきたのか」。そう思うと、なんとも言えない充実感に包まれる。こんなとき、いつも僕は、また山に来よう、と強く思うのだ。

薄ぼんやりとした太陽が、越後駒ヶ岳の左肩から昇った

越後三山 登山アドバイス

五龍岳から御月山にかけては、急峻なヤセ尾根のアップダウンが続く。岩場やヤブに覆われた箇所もあるので、ルートファインディングや滑落に要注意。体力、技術、判断力など総合的な登山の力が試されるバリエーションルートと捉えて、安易な気持ちで臨まないこと。アクセス手段にもよるが、八海山ロープウェーの利用や、駒ヶ岳から駒ノ湯温泉や枝折峠へ下山するなどすれば行程が楽になる。

[Data]

山行適期　6月中旬〜10月下旬

参考コースタイム

1日目　大倉口登山口⇒四合半⇒女人堂⇒千本檜小屋・八海山避難小屋…計5時間

2日目　八海山避難小屋⇒大日岳⇒入道岳⇒五龍岳⇒荒山⇒オカメノゾキ⇒八合目⇒御月山⇒中ノ岳避難小屋〈中ノ岳往復〉⇒天狗平⇒越後駒ヶ岳⇒駒の小屋…計12時間40分

3日目　駒の小屋⇒グシガハナ⇒十二平⇒大倉口登山口…計5時間40分

アクセス　**公共交通：**往復JR上越線浦佐駅（南越後観光バス11分、210円）大倉入口 ＊登山口まで徒歩1時間　八海山ロープウェー利用時 往復JR上越線六日町駅（南越後観光バス30分、420円）八海山スキー場山麓駅（八海山ロープウェー5分、1000円〈10月1日以降は1300円〉）山頂駅　**マイカー：**関越道大和スマートICから県道234号経由で大倉口登山口へ。約6km、約15分。坂本神社の駐車場を利用する。

問合せ先　八海山避難小屋（南魚沼市役所商工観光課）☎025-773-6665、駒の小屋（魚沼市役所湯之谷庁舎商工観光課観光振興室）☎025-792-9754、南越後観光バス六日町営業所☎025-773-2573

2万5000分ノ1地形図　八海山

八海山

1778m
（入道岳）

魚沼の裏山として生活の背後に欠かせない山、八海《はっかい》山。地酒の銘柄としても有名で、全国でその名を見ることができる。そんな親しみ深い印象の一方で、岩塔が林立する険しい岩稜の山としても知られる。古くからの修験の山、信仰の山としても有名で、大崎《おおさき》、大倉《おおくら》、山口《やまぐち》など3方向にある各登山口にはそれぞれ神社が祭られている。

魚沼の山は標高のわりに高低差が大きいことが特徴だが、この八海山も例外ではない。400m前後の登山口から最高峰の入道山まで1300〜1400mほどの高度差を登らなければならず、さらに頂稜「八《や》ツ峰《みね》」の通過は鎖やハシゴが連続する険路である。ここでは最も一般的な八海山スキー場からロープウェーを利用して登るルートを紹介する。

山頂駅からひと登りで尾根へ上がり、ほどなく四合半で大倉口と合流する。五合目からハシゴを交えた急登を越え、避難小屋のある女人堂《にょにんどう》、さらに祓川《はらいがわ》の水場を過ぎると傾斜が強まり、長い鎖場の登りとなる。これを登りきると展望のよい薬師《やくし》岳。一度鞍部へ下って登り返すと千本檜《せんぼんひのき》小屋と避難小屋に着く。

いよいよ八ツ峰の岩稜帯の登行が始まる。小屋からすぐに八ツ峰迂回路との分岐があり、技術や天候などによっては迂回路をたどること。八ツ峰へは地蔵《じぞう》岳と不動《ふどう》岳のコルへ上がり、岩稜帯を行く。不動岳を鎖で下り、七曜《しちよう》岳、白河《しらかわ》岳を通過する。高度感ある鎖場が続くので滑落に注意。白河岳に立つと、前後の岩稜の連なりがすごい。この先で迂回路に出ることもできる。続く摩利支《まりし》岳へはルンゼ状のハシゴから岩稜をたどって登る。大日《だいにち》岳へは傾斜が強いハシゴと鎖を登る。八海山最高峰の入道《にゅうどう》岳へはさらに岩稜をたどる。迂回路との分岐を過ぎると尾根幅が広がり、笹原を縫うように登ると入道岳に着く。下りは往路を引き返すが、八ツ峰ではなく迂回路を通ったほうがすれ違いなどの手間もなく安全だ。

薬師岳から見る千本檜小屋と地蔵岳。いよいよ八ツ峰の岩稜帯が始まる

登山アドバイス

千本檜小屋から先の八ツ峰は急峻な岩場が連続する険路。鎖やハシゴが整備されているものの、技術や体力、体調、天候などを慎重に判断して臨むこと。特に下りの鎖は傾斜が強く、腕力勝負になるところが多いので充分注意したい。滑りやすい軍手や、両手を使いにくいストックの使用は控えること。大日岳手前のハシゴは特に傾斜が強いので慎重な行動を心がけること。迂回路にも部分的に滑りやすい箇所があり、足元に注意。

[Data]

山行適期　6月上旬～10月下旬

参考コースタイム　山頂駅⇒女人堂⇒千本檜小屋・八海山避難小屋⇒大日岳⇒入道岳⇒千本檜小屋・八海山避難小屋⇒女人堂⇒山頂駅…計7時間10分

アクセス　**公共交通：**往復JR上越線六日町駅（南越後観光バス30分、420円）八海山スキー場山麓駅（八海山ロープウェー5分、1000円〈10月1日以降は1300円〉）山頂駅　**マイカー：**関越道六日町ICから八海山スキー場へ。約12㎞、20分。駐車場あり。

問合せ先　南越後観光バス六日町営業所☎025-773-2573、八海山ロープウェー（八海山スキー場）☎025-775-3311

2万5000分ノ1地形図　八海山

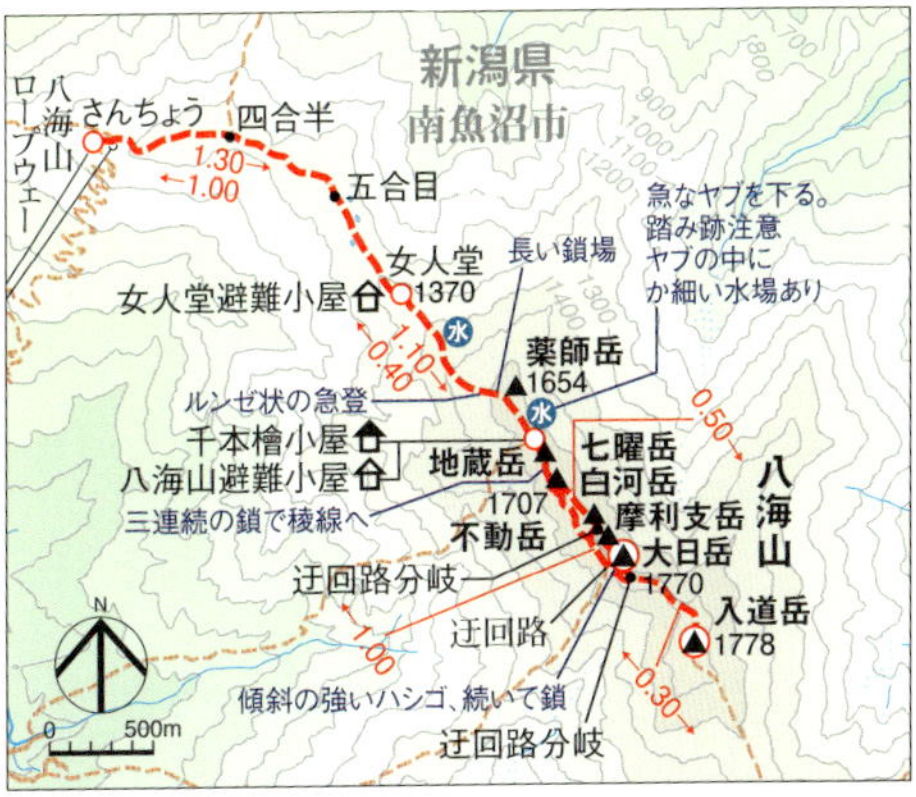

越後駒ヶ岳

2003m

個性豊かな越後《えちご》三山《さんざん》の一角を担う越後駒《えちごこま》ヶ岳。どっしりと大きな山容は、登山者はもちろん地元魚沼《うおぬま》の人々からも愛される、ふるさとの山的存在だ。技術的に困難な越後三山縦走や、体力的に厳しい駒《こま》の湯《ゆ》や水無《みずなし》川方面からアプローチするルートもあるが、ここでは日帰り登山も可能な、枝折《しおり》峠からのルートを紹介する。

枝折峠は魚沼から銀山平《ぎんざんだいら》へ抜ける、国道352号上にある峠。標高1065mからスタートできる、越後駒ヶ岳をめざす最短ルートである。

駐車場から尾根道を行く。背の低いヤブ越しに、山間に埋まる奥《おく》只見《ただみ》湖方面や、大きくそびえる越後駒ヶ岳や中《なか》ノ岳を望む。銀山平へ向かう「銀の道」との分岐を過ぎるとほどなく明神《みょうじん》峠。「銀の道」は江戸時代に銀鉱山として栄えた銀山平から銀を運ぶために利用された唯一の道。現在はハイキングコースとして整備されている。さらに小さなアップダウンを繰り返しながらブナ林の尾根をたどる。やがて道行《みちゆき》山との分岐。越後駒ヶ岳へは道行山を巻いて通過するが、分岐からわずかな距離の頂上からは越後駒ヶ岳や未丈《みじょう》ヶ岳、毛猛《けもう》岳など、山また山の大展望が楽しめる。頂上からは銀山平へ下ることも可能。

分岐からは木道を混じえながら尾根をたどる。急登を登りきったところが小倉《おぐら》山で、ここで駒の湯からのルートと合流する。笹原に続く登山道は展望がよく、背後には会津朝日《あいづあさひ》岳など福島方面の山並みが広がる。登山道左手に百草《もくさ》ノ池《いけ》を見送ると、徐々に傾斜が増し、岩場交じりの登りとなる。岩場に付けられたペンキ印を見落とさないように注意。ここを登りきると駒の小屋に着く。小屋の前で水を補給できる。

さらに急な笹原が続くが、ひと登りで主稜線に出て、中ノ岳方面への縦走路と分岐する。分岐から越後駒ヶ岳頂上まではわずかな距離。荒々しい山容を見せてそびえる八海《はっかい》山が迎えてくれる。

1 小倉山への登りから見る、美しい紅葉をまとった越後駒ヶ岳
2 駒ヶ岳頂上の少し下に立つ駒の小屋。素泊まりのみだが快適な一夜が過ごせる

登山アドバイス

バスは本数が少なく不便なため、マイカー利用が望ましい。枝折峠へ上がる国道352号は春の残雪状況によっては開通が遅れるので事前に問い合わせを。マイカーを利用して枝折峠を早朝に出発すれば日帰りでの計画も充分可能だが、駒の小屋に泊まって越後三山の一角で一晩過ごすのも魅力的だ。ただし宿泊の際には自炊、シュラフなどの用意が必要。5月中旬から10月中旬まで不定期に管理人が在中。素泊まり、管理協力金として2000円必要。

[Data]
山行適期　6月中旬～10月下旬
参考コースタイム　枝折峠⇒明神峠⇒道行山分岐⇒小倉山⇒百草ノ池⇒駒の小屋⇒駒ヶ岳往復…計8時間40分
アクセス　**公共交通：**(往復)JR上越線小出駅（南越後観光バス1時間5分、700円）枝折峠　＊7月から10月中旬の日曜・祝日のみ運行。
マイカー：関越道小出ICから国道352号を経て枝折峠。約25㎞、約40分。無料駐車場あり。
問合せ先　南越後観光バス小出営業所☎025-792-8114、魚沼市観光協会☎025-792-7300、駒の小屋☎025-792-9754
2万5000分ノ1地形図　八海山

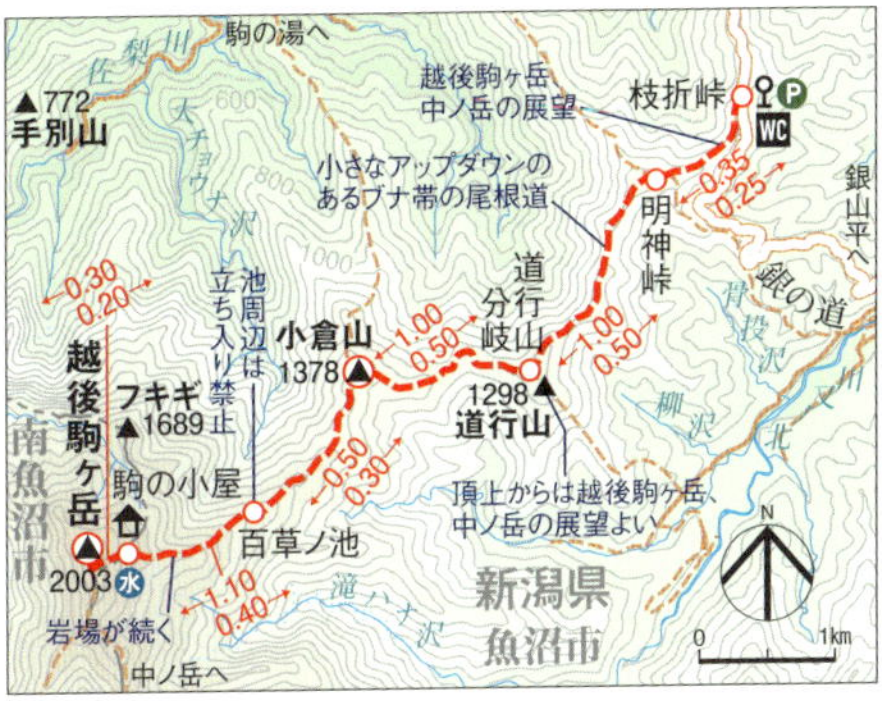

丹後山〜中ノ岳

1809m/2085m

陽光に輝く残雪を踏んで
越後三山の最高峰へ

兎岳を越えるとぐっと残雪が
増えた。中ノ岳と、その背後
にそびえる越後駒ヶ岳を望む

雪と緑が山腹でせめぎあう、春の風景

霞む大気の中に、堂々
と、その存在を主張し
てそびえる越後駒ヶ岳

丹後山〜中ノ岳

ぼやっとした朝日が差す中、中ノ岳へ向けて最後の登りにかかる

稜線の残雪とは対照的な、下山路で出会ったツツジ

丹後山を後に利根川源流域を行く。残雪と笹原の尾根を大水上山へ向かう

飯山市の外れにある仕事場の窓を開けると、今日もまた魚沼《うおぬま》の山並みが見える。巻機《まきはた》山から中《なか》ノ岳へ連なる稜線だ。左手から延びる関田《せきた》山脈の陰になって八《はっ》海《かい》山と越後駒《えちごこま》ヶ岳は見えないけれど、それでも個性的な越後三山《えちごさんざん》の存在を感じることができる。

巻機山や中ノ岳をこうして里から眺めると、人の暮らしの延長にある山だと感じる。でもあの峰々にはもうひとつの顔がある。向こう側、つまり奥利根《おくとね》や奥只見《おくただみ》を望む、別の顔。得体の知れない山の深みと、人の暮らしとの境界線が、あの山脈にはあるのだ。

三国川《みくにがわ》ダムの奥にある、十字峡《じゅうじきょう》登山センターの脇に車を停めた。歩き始めた林道は、新緑、というよりも緑が洪水のように溢れ、すでに初夏の色が濃い。ここにはこれっぽっちも雪の気配はないけれど、向かう先は豪雪の山なのだと途中で思い返し、あわててアイゼンとピッケルを取りに車に戻った。

越後三山の、その名のとおり真ん中に位置する中ノ岳は標高2085m、この山塊の最高峰だ。かつては銀山《ぎんざん》とか御月山《おつき》などと呼ばれたが、奥まった位置にあり、目立たない存在だったためか、無愛想な名前で呼ばれるようになってしまった。しかし、大きくピラミダルな山容は威風堂々として、ほかの二山を従えるようにそびえている。

丹後山の先にある大水上山《おおみなかみ》までは、利根川源流域では珍しく整備された縦走路をたどる。道がないゆえに魅力的な無限の広がりをもつ「向こう側」は、いつの日にか雪をつないで彷徨ってみたい、なんて想いを抱かせる領域だ。そんなことを考えながら、僕は三国川に沿う林道をたどって行った。

登山口からはいきなり急登だ。ブナの緑に誘われるように登りだしたものの、すぐに汗まみれになる。しかしどうだろう、魚沼の町からさほど遠くない所なのに、すでに深山に飲み込まれてしまったかのようじゃないか。

やがて顕著な尾根歩きとなり、二合目に着いた。ヤブの梢の向こうには、いよいよ中ノ岳が大きい。沢筋に残雪を見せるものの、ピッケルもアイゼンも取り越し苦労だったようだ。ルートはひたすら尾根を行く。出だしほどの傾斜はないものの、丹後山に向けてせり上がるように尾根は続く。登るに従い、季節を逆行するかのように淡い色合いを見せ始めたブナの木々。林床にはカタクリやイワウチワが春の訪れを告げていた。右には銅倉《どうぐら》沢源頭稜線のネコブ山や下津川山《しもつごう》、左手にはめざす中ノ岳。どの山も決して目を見張るような山容をしているわけじゃないのに、堂々とした存在感のせいだろうか、不思議なほどに個性的に感じる。

背後の巻機山に押されるように、開放感のある尾根を登り切ると、やっと主稜線に出た。丹後山《たんご》頂上の脇に立つ避難小屋はすぐそこだが、時間も早く、残雪の上にテントを張ろうと思い立ち、たおやかな稜線をたどり始めた。

さすが豪雪の山だ。ここまで来ると雪が多い。特に東側斜面、つまり「向こう側」は、まるで残雪期みたい。この山稜のもつ「もうひとつの顔」を垣間見たような気がしてうれしくなる。と同時に、今そこへ踏み込めない寂しさをも感じた。その「向こう側」へ続く稜線が、大水上山で分岐する。平《ひら》ヶ岳を経て尾瀬に至る利根川源流域を巡る山稜だ。これぞまさしく国境山脈だが、ここをたどるのは後日の楽しみにとっておこう。さらに兎《うさぎ》岳からは、荒沢《あらさわ》岳に続く稜線を見送る。山が、尾根が、谷が、圧倒的な深さと奥行きで入り組み、ひしめき合っている。

一方、足元の三国川沿いに広がる魚沼の集落では、田んぼに水が引かれ始めているようで、水田が空の輝きを映してきらめいている。山が蓄えこんだ大量の雪が、「こちら側」の暮らしへと流れ込んでいるのだ。

結局この日は小兎岳の先にテントを張った。見果てぬ山に酔ったのか、いつものように酒を飲み切ることなく、昼間に見た山々を思い描きながら、早々に寝袋に潜ってしまった。

翌日はぼんやりした日の出で明けた。中ノ岳への登りでは、急斜面と堅雪に阻まれて、ここまで後生大事に持ち歩いたアイゼンのお世話になった。一歩一歩アイゼンが奏でる音は、厳冬のころのそれと違って、雪の優しさや温かさを感じさせる。もちろんそれは自然が放つ思いやりなんかではなく、僕自身が満ち足りた、優しい気分で雪尾根をたどって行ったからにほかならない。人の暮らしと深淵な自然との狭間で、僕は山に酔っていた。

七合目付近から中ノ岳を振り返る。シャクナゲに見送られながら急な尾根を下降する

初夏の尾根をたどる。銅倉沢の奥にそびえる下津川山やネコブ山が大きい

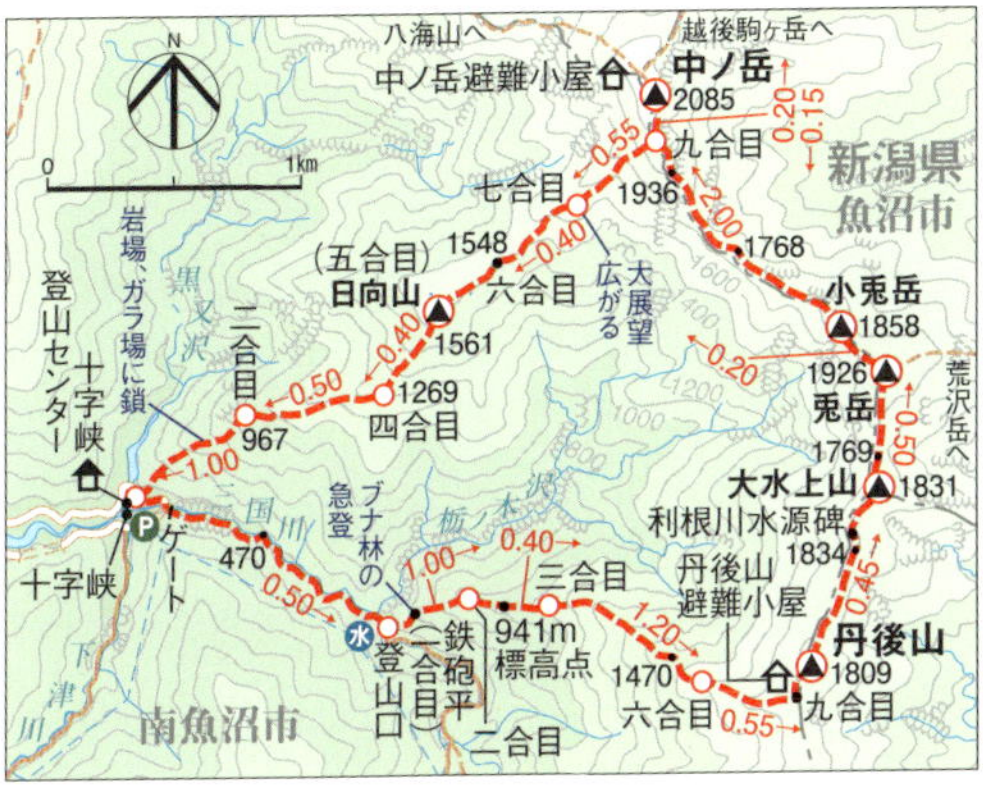

丹後山〜中ノ岳 登山アドバイス

全般に危険な箇所は少ないものの、主稜線への登下降は急な尾根歩きが続く。ペース配分を考えて、特に夏場は充分な水分補給を心がけたい。稜線上には雪が遅くまで残るので、シーズン初めには雪歩きを前提にした用意が必要。中ノ岳九合目から日向山への分岐付近は残雪状況によってはルートを見失いやすいので注意。また、各避難小屋では、例年5月下旬に雪が消えたころから、10月第2日曜まで小屋に設置されたポリタンクの天水が利用できる。

[Data]

山行適期　6月上旬〜10月上旬

参考コースタイム

1日目：十字峡登山センター⇒丹後山登山口⇒丹後山避難小屋・丹後山…計4時間45分

2日目：丹後山避難小屋⇒大水上山⇒兎岳⇒中ノ岳⇒日向山⇒十字峡登山センター…計8時間35分

アクセス　**公共交通：**往復JR上越線六日町駅（タクシー約30分、約6300円）十字峡登山センター　**マイカー：**関越道六日町ICから県道233号、三国川ダムを経て約40分。駐車場あり。無料。

問合せ先　南魚沼市商工観光課☎025-773-6665、銀嶺タクシー☎025-772-2440、六日町タクシー☎025-772-2550、ますがたタクシー☎025-772-4121

2万5000分ノ1地形図　八海山・兎岳

第2部

北信・信越の山

黒姫山から望む高妻山と戸隠山（左）。背後に北アルプスの稜線が連なる

佐武流山〜苗場山

2192m/2145m

猛烈なヤブの稜線を泳いで、池塘輝く湿原の山をめざす

苗場山の手前から、霞む佐武流山を望む。鬱蒼としたヤブと森の山稜が、越えてきたナラズ山と赤倉山だ

やっと姿を見せた佐武流山。幾重にも重なる山に覆われて、山麓の秋山郷からも望むことができない

1 林道脇にある檜俣川下降点の看板。見落とさないように注意　2 薄暗い針葉樹林帯で見つけたゴゼンタチバナ

佐武流山手前から望む苗場山は、ヤブ尾根のはるか遠くにそびえている

ヤブを切り開き整備されたルートも、高温多湿、豪雪の地勢にあっては、たちまち笹原に覆われて、原始の様相に変わっていく。ひとたび踏み跡を外すと、つらいヤブこぎを強いられる

密生するネマガリタケが行く手をふさぐ。格子のように立ち並び、足に絡みついて前に進めない。これは間違いなくルートを外している……そう思ってもすでに後戻りもできない。自分の背丈を超えたササヤブに囲まれて、ひとりため息をつく。まあ、なんとかなるだろう。とにかく必死にヤブをこぐしかない。

ドロノ木平の登山口を出発してからかれこれ9時間くらい。もう赤倉《あかくら》山に着いてほしい。ヤブの中にかすかに残る踏み跡を外さない努力をしてはいるものの、尾根の幅が広がると、とたんにルートがわからなくなる。そして今、僕はまたヤブの海で溺れかけていた。

＊

新潟、群馬、長野三県の境を成す白砂《しらすな》山から、北へ向かって信越の国境山脈が続く。佐武流《さぶりゅう》山、赤倉山と連なって、広大な頂上湿原をもつ苗場《なえば》山へと至る。「さぶりゅうやま」とか「さぶるやま」と呼ばれる、なんだか不思議な響きの佐武流山は、麓の秋山郷《あきやまごう》からもその姿を望むことはできない。名前ばかりでなく、山の存在そのものが謎である。幾重にも重なる尾根や谷と、原生のヤブに覆われた山腹、それに人里離れて山が山に埋もれる地勢のために、佐武流山は、その山容を思い浮かべるのも困難な孤峰なのである。

日本二百名山や信州百名山などに数えられているにもかかわらず、かつて佐武流山には整備された登山道もなく、残雪期のみ登頂が許される山だったという。それが、有志のボランティアによって２０００年に山頂までのルートが開通。さらに苗場山までの縦走ルートが２００４年に拓かれた。おかげで今では山深い秋山郷のさらに奥、長野県栄村最高峰の頂へ、なんとか登り着くことができるようになったのだ。

＊

流れの速い檜俣川をロープで渡り、ひたすら急な尾根をたどる。この季節には珍しく湿度が低いため、汗の出が少ない。ワルサ峰を越えると、これまで樹林に閉ざされていた展望がワッと広がった。遠く、広大な山頂を見せる苗場山。

そこへ続く、鬱蒼とした緑の尾根。しかし佐武流山はまだ姿を見せない。いったいどこまで行けば、謎の山に出会えるのだろう。

縦走路との分岐にあたる西赤沢源頭に荷物を置いて、佐武流山の山頂へ向かう。いまだ残雪を見せる坊主平を後に針葉樹の森を抜けると、開けた笹原の尾根に出た。すごい展望だ。苗場山はもとより、越後三山《えちごさんざん》、谷川《たにがわ》連峰、はるか燧《ひうち》ヶ岳も見える。そしてやっと佐武流山だ。こんな頂上間近になって初めてめざす山を拝むとは。いかに山が深く、埋もれて閉ざされていることか。さあ、この姿をどう形容しよう。

天を突く岩峰でもなく、奇異な怪峰でもない。たおやかな、広大な、というのとも違う。人知れず信越の境にそびえるヤブ山……。不思議な孤峰の正体は、そうとでも言わざるを得ない姿であった。むしろそんな山容だからこそ、ほかの山に重なり埋もれて、広大な山地の中に溶け込んでいるのだろう。

山頂を往復後、西赤沢源頭まで戻っていよいよ苗場山をめざす。あまり縦走者がいないのか、途端にヤブが濃くなる。途中、水場への目印から、か細い沢へと下りて5ℓほど水を汲む。あとは進めるだけ進んで、どこかにテントを張るのだ。どこかでヤブが切れてくれるといいが。

5年前にも同じルートを歩いているのに、明らかにヤブが濃くなっている。山が原始の姿に戻ろうとしているのだろう。温暖湿潤で豪雪地帯の山地では、人の手が途切れれば、たちまち自然は元の姿に返っていくのに違いない。

ナラズ山の手前でヤブの深みにはまり、ササヤブの中に潜り込んでは踏み跡を探す。ふと振り向くと笹原の上に佐武流山が浮かんでいた。すごい。僕の前にも後にも、道がないじゃないか。きっと僕は今、このヤブの海で溺れかけているのだ。ササヤブの上にかろうじて顔だけ出して、人っ子一人いないこの笹原を見回してみる。午後の山稜を渡る風がササを揺らし、小さな波をつくる。緑濃い国境の山に揉まれながら、山にいる幸せを感じずにはいられない。そうして僕は手と足をばたつかせ、また泳ぎ始めた。赤倉山の島影を求め、はるか苗場山をめざして。

やっとたどり着いた苗場山の山上湿原では、ちょうどチングルマが花盛りだった

佐武流山～苗場山 登山アドバイス

西赤沢源頭から赤倉山にかけてはヤブが濃く、踏み跡も不明瞭な箇所が続く。登山者も少なく、体力も必要な上級者向きのルートである。特にナラズ山、赤倉山手前の尾根幅が広がる付近はルートファインディングに要注意だ。もし佐武流山までの登りで体力的に不安を感じるようなら縦走は諦めたほうがよい。西赤沢源頭下の水場への入り口はわかりにくいので充分注意しよう。マイカー利用の場合、苗場山から平太郎尾根を下るとドロノ木平まで近くて便利。

[Data]

山行適期　6月上旬～10月下旬

参考コースタイム

1日目　ドロノ木平登山口⇒檜俣川下降点⇒徒渉点⇒物思平⇒ワルサ峰⇒西赤沢源頭⇒佐武流山⇒西赤沢源頭⇒水場分岐⇒土舞台⇒ナラズ山⇒赤倉山…計9時間50分

2日目　赤倉山⇒2060m⇒苗場山⇒2060m⇒三合目⇒小赤沢…計6時間5分

アクセス　**公共交通：**(往路)JR上越線越後湯沢駅（南越後観光バス45分、770円）津南（南越後観光バス25分、330円）見玉（南越後観光バス・森宮交通による予約デマンド交通50分、300円）和山　登山口まで徒歩40分 (復路)小赤沢（南越後観光バス・森宮交通による予約デマンド交通50分、300円）見玉（以後往路と同様）　＊見玉～和山のデマンド交通は前日の17時までに予約する（☎025-766-2949または☎0269-87-3100）　**マイカー：**関越道塩沢石打ICから津南町を経由し秋山郷へ約60km、約2時間。登山口の路肩に駐車スペースあり。

問合せ先　栄村秋山郷観光協会☎0269-87-3333、南越後観光バス津南営業所☎025-765-3647

2万5000分ノ1地形図　佐武流山・苗場山

1 平坦な頂上台地から急峻な尾根をたどる、ロープ交じりの険しいルート　2 尾根上部は木道のない湿地。ルートを失わないよう注意

平太郎尾根を歩く

苗場山の長野県側ルートはどれも急峻である。それは長野県側に張り出した広大な頂上台地の縁から山麓へと急激に切れ落ちる、テーブルマウンテンのような苗場山の山容によるためだ。緩急あるルートが苗場山の長野県側の特徴である。

なかでも平太郎尾根は、台地から落ちる急峻な尾根を忠実に登るため、特に傾斜が強い。小赤沢ルートなら三合目まで車で入れるが、登山口からひたすら高度をかせがなくてはならず、きついルートである。取付付近や上部の湿原では踏み跡が不明瞭な箇所もあり注意が必要。だが、マイカー利用で佐武流山から苗場山への縦走を計画した場合には、登山口のドロノ木平へ最も早く戻れるルートとして利用価値が高い。

苗場山〜小松原湿原

2145m

広大な頂上台地で大展望を楽しみ、静かな湿原を訪ねる山旅

ワタスゲ揺れる小松原湿原。
木道をたどり、大小の池塘
を巡り歩く

秋山郷からそびえ立つ鳥甲山を望みながら、日蔭山へ向けて開けた山稜をたどる

苗場山で迎えた朝、頂上湿原の池塘の向こうに、佐武流山から続く山稜を望む

下るほどにブナの大木が多くなる。ブナに始まり、ブナに終わる山旅

秋山郷見倉の集落を眺めるようになると、長かった一日の行程の終わりも近い

広大な山頂部を強風が吹き抜ける。雲が流れて、瞬間、ぱあっと、青空が広がる。少しずつ、少しずつ、晴れ間が広がって、頂上湿原の広がりや、稜線の連なりが姿を見せる。雪解けと梅雨の水をたっぷりと蓄えた池塘が、広がる青空を映して、深く濃い青色を取り戻す。先ほどまでのくすんだ風景がまるで嘘のように、夕方の光の中に色彩が広がっていった。

＊

梅雨の晴れ間、というのは本当に得難いものだ。秋山郷《あきやまごう》・小赤沢《こあかざわ》の集落から苗場《なえば》山三合目を経てブナ林をたどる登山道は、雨こそ降ってはいないものの、どんよりとした、重く湿った空気に包まれていた。でも、そのおかげでブナの緑がみずみずしい。ミツバオウレン、サンカヨウ、オオバキスミレなど、可憐な花々が美しい。豪雪地帯のヤブ山には、カラッとした晴天よりも、こんな潤いがふさわしいのだろう。

六合目を過ぎると、登山道は頂上台地へ向けて急登となる。鎖を交えた岩場の登りは滑りやすく、気が抜けない。やがて視界が大きく開けると、そこが苗場山の広大な湿原の始まりだった。

梅雨の時期は花の季節だ。チングルマやイワイチョウが木道脇を飾っている。この広大な風景を楽しむには、どんよりとした空が味気ないが、きっと明日は晴れるはず。そう信じて、苗場山頂の脇に立つ山小屋へと向かった。

翌朝。まぶしい光が山稜を照らしている。昨日の夕方から一気に回復した天候は、今日一日、なんとか梅雨の合間の晴れをもたらしてくれそうだ。頂上湿原を後に向かう山稜は、神楽《かぐら》ヶ峰との鞍部へ向けて大きく下る。途中の雷清水《かみなりしみず》で朝食をとって、富士見坂《ふじみざか》の急登を越えると、ほどなく神楽ヶ峰に着いた。

見渡す山々のうねりがすごい。カッサ湖を挟んでそびえる仙《せん》ノ倉《くら》山から、谷川《たにがわ》岳へ連なる山稜、巻機《まきはた》山と越後三山《えちごさんざん》、はるか遠くに燧《ひうち》ヶ岳を望む。この先登山道は小松原《こまつばら》分岐で祓川《はらいがわ》コースと分かれ、笹原のヤブ道となった。

アップダウンの多いヤブ尾根を行く。振り向くと台形状のピークとなった苗場山が大きい。右手に谷川連峰、左手には鳥甲山《とりかぶと》を望みながら稜線をたどると、大日蔭山《おおひかげ》、続けて霧《きり》ノ塔《とう》に着いた。

　絶好の梅雨の晴れ間は、出会う人もいない静かなこのルートを明るく照らして、深山の山歩きを不安なく導いてくれる。はるか足元には津《つ》南《なん》の街と信濃《しなの》川の流れを望むが、もうあと何時間かすれば、僕はこの深山を離れ、あの街を通って帰路に就いているはずだ。

　霧ノ塔からの下りは滑りやすい笹原の急斜面が続き、気が抜けない。それにやはりクマが怖い。なにしろここはマタギが闊歩した領域だから。鈴を故意に大きく鳴らしながら行くが、それでも不安で、時折大声を上げて、ここを通らせてもらう許しを請う。

　霧ノ塔を下りきると幅広の尾根となり、笹原の踏み跡を追う。小さな屋敷《やしき》集落の背後にそびえ立つ鳥甲山と、濃い樹林をまとって、刻々と姿を変える苗場山の存在感がすごい。秋山郷を囲むこの山塊に来ると、僕はいつも、深山が醸し出す心地よさに酔いしれてしまう。深くて、だけど人の暮らしがあって、厳しくて、ゆえにたくましくあたたかい。なにかそんな、人と自然のあるべき関係に想いを馳せてしまうからだろうか。

　日蔭《ひかげ》山からヤブが濃い道をひたすら下ると、明るく開けた小松原湿原に出た。湿原に伸びる、少し朽ち始めた木道の脇には、ワタスゲの白い花が風に揺れている。僕はそんな木道を踏みながら、大小さまざまな形をした池塘を巡っていった。朝、苗場山の頂上湿原を後に、長いヤブ尾根の上り下りを繰り返して、やっとここへたどり着いたご褒美は、青空と白い雲を映す、鏡のような美しい水面だった。梅雨の晴れ間は青く澄んで、しかし時とともに増え始めた白い雲を浮かべて、つかの間の晴天のありがたさを感じさせる。でも、梅雨の潤いがまた、この山を、湿原を、輝かせることだろう。

　なんとも去りがたいこの湿原を後に、僕は深いブナの森へ、そしてあたたかい人の暮らしがある小さな集落へと下っていった。

1

苗場山〜小松原湿原 登山アドバイス

バス利用の場合は小赤沢など秋山郷内での前泊が前提。宿によっては三合目への送迎も可能なので交渉してみるとよい。マイカーの場合も車の回収方法を相談してみよう。和田小屋へ下る祓川コースの分岐から先は登山者が少なく、ヤブが濃くなるのでルートミスに注意。霧ノ塔からは滑りやすい急斜面なのでスリップしないように。小松原湿原には避難小屋があるものの、行動時間も長いので天候や体調、体力に留意して臨むこと。

1 初夏の小松原湿原に多く見られるワタスゲ　2 山中ひっそりと広がる小松原湿原では、さまざまな形をした池塘が楽しめる。避難小屋もあるので宿泊可能　3 木道の脇で白い花を咲かせるミツバオウレン

[Data]

山行適期　6月上旬～10月下旬

参考コースタイム

1日目　小赤沢⇒三合目⇒四合目⇒六合目⇒平太郎尾根分岐⇒苗場山・苗場山自然体験交流センター…計4時間40分

2日目　苗場山自然体験交流センター⇒神楽ヶ峰⇒霧ノ塔⇒日蔭山⇒小松原避難小屋⇒中ノ代⇒見倉トンネル⇒結東…計9時間10分

アクセス　**公共交通：**往路 JR上越新幹線越後湯沢駅（南越後観光バス45分、770円）津南（南越後観光バス25分、330円）見玉（南越後観光バス・森宮交通による予約デマンド交通30分、300円）小赤沢　復路 結東（南越後観光バス・森宮交通による予約デマンド交通10分、300円）見玉（南越後観光バス25分、330円）津南（南越後観光バス45分、770円）越後湯沢駅　＊秋山郷内の見玉から切明間は予約デマンド交通のため、利用前日の17時までに予約すること（予約：森宮交通☎025-766-2949または☎0269-87-3100）　**マイカー：**関越道塩沢石打ICから津南町へ、国道405号で秋山郷、小赤沢へ。三合目に無料駐車場があるが、入下山口が離れているので、車を2台使うなど回収方法を工夫したい。

問合せ先　栄村商工観光課☎0269-87-3355、津南町地域振興課☎025-765-3115、栄村秋山郷観光協会☎0269-87-3333、苗場山自然体験交流センター（栄村役場秋山支所）☎025-767-2202、南越後観光バス津南営業所☎025-765-3647

2万5000分ノ1地形図　佐武流山・苗場山

COLUMN 2

国境山脈を彩る花

雨飾山の山頂手前で、今を盛りと咲き乱れるハクサンイチゲ

イワカガミ

シラネアオイ

ミツガシワ

登山道の雪が消えて間もないころ、いつもの花たちに出会う。カタクリ、イワウチワ、サンカヨウ、エンレイソウ、ツバメオモト、イワカガミ、シラネアオイ。雪国の、国境山脈で最初に出会う常連たちだ。ヤブを覆っていた雪と入れ替わるようにして、可憐な花々の季節が始まる。

　雪国の山は花が豊富だ。それはきっと雪が、豊かな水と土壌を育むからだろう。だからこの季節、山はヤブと水と土の匂いに満ちている。ムッとするような、山の息吹。それはそのまま生命の匂いだ。

　苗場山や火打山など山中の湿原では、絨毯のように広がる花たちの群落がみごとだ。ミズバショウ、リュウキンカ、イワイチョウ、ミツガシワ、ハクサンコザクラ、ワタスゲ、チングルマ。登山道脇でひっそりと咲く花もいいけれど、一面に広がるこの連中に出会うと、ただただ圧倒される。白、黄、紫。美しい群落の広がりは、その山がもつ大切な宝物だ。

ツバメオモト

オオサクラソウ

マイヅルソウ

キヌガサソウ

カタクリ

ミズバショウ

花たちは潤い豊かな場所ばかりに咲くわけではない。意外にも戸隠山の稜線のような険しい山稜でも、豊かな顔ぶれに出会うことができる。ヤマオダマキ、ハクサンチドリ、ベニバナイチヤクソウ、テガタチドリ、ツマトリソウ、オオバギボウシ、マイヅルソウ。心細い険路の最中で出会う花。見守られて、励まされ、気を抜かぬように導いてくれる、心強い道しるべのような存在に感じるのだ。

僕の「国境山脈」は北アルプスの高峰と違い、森とヤブを抜けた稜線の、ちょっとした高山である。だから高山性の険しく脆弱な環境に生える、いわゆる高山植物ではなく、深山の山野草というにふさわしい花々が彩っている。その様は、厳しい環境に耐えるというよりも、豊かな環境でのびのびと暮らしているかのように見える。豪雪の厳しい環境には相違ないけれど、命の匂いに包まれて、森もヤブも、そして花も、豊かな生命力を発しているように感じるのだ。

イワイチョウ

ショウジョウバカマ

コバイケイソウ

ミツバオウレン

ユキザサ

ワタスゲ

ベニバナイチヤクソウ

ホソバヒナウスユキソウ

チングルマ

ヤマオダマキ

ハクサンチドリ

ユキツバキ

オオバキスミレ

ミヤマエンレイソウ

ハクサンコザクラ

白砂山

2140m

山深い湖から明るい林を抜けて、
国境に延びる山脈道路の交差点へ

光り輝く笹原が、白砂山頂上へ向けてさざ波のように打ち寄せる

登山口からたどる笹原とダケカンバの林。光が差す林内は明るく、深山の雰囲気を感じさせない

1 八間山へ続くよく整備されたトレイルは、明るい笹原の中を行く
2 堂岩山のすぐ先で登山道は分岐する。左へ行けば白砂山。右は下りに使う八間山へのルートだ

頂

上からわずかに尾根をたどると、そこが群馬、新潟、長野の県境だった。東へは、上《かみ》ノ倉《くら》山、稲包《いなつつみ》山、三国《みくに》峠を経て谷川《たにがわ》岳主脈、巻機《まきはた》山、遠く平《ひら》ヶ岳へ連なる上越国境稜線が続く。北へ延びるヤブ尾根は、佐武流《さぶりゅう》山、苗場《なえば》山を越えて、関田《せきた》山脈からはるか雨飾《あまかざり》山に至る信越国境稜線だ。果てしなき稜線は人を拒絶するし、誘いもする。ここは群馬、新潟、長野の三県が交わる白砂《しらすな》山。上越、信越国境山脈の中核部に、今僕はいる。

＊

白砂山登山口のある野反《のぞり》湖は、なんとも山深いところだ。古くからの温泉観光地、志賀高原や草津が近くに控えているとはいえ、なにか人の暮らしからは隔絶された感がある。大正時代に発電利用のためにもともとあった自然湖が開発され、ダムが建設されたというが、かつてはいったいどんな風景が広がっていたのだろう。野反湖から中津川に沿って下ればマタギの里・秋山郷《あきやまごう》に至り、志賀・草津というにぎわいのある温泉地が近くにあるとなれば、やはり猟師の闊歩する世界だったに違いない。人の暮らしの場と、山深く豊かな狩場と、その獲物を流通させる場とが、ひとつながりの世界として存在していたのだろう。

おもしろいことに、この野反湖は上信県境の南側にあるのに、水は太平洋ではなく、日本海に向かう。野反湖に源を発する中津川は、信濃川へと注ぎ込んでいるのだ。実際の分水嶺は、野反峠のある八間《はちけん》山から高沢《たかざわ》山への稜線だ。分水嶺と県境が異なるのは人間の取り決めのせいか、自然の地形によるものか。同じ群馬県内の尾瀬《おぜ》沼の水も日本海へ流れる一例だが、群馬県境付近の地形がいかに複雑かということを改めて実感させられる。

山深いイメージが強いわりに、たどる登山道は明るい。これまでの国境山脈の、息苦しいほどに鬱蒼としたブナの世界とは明らかに違う。それはすでに１５００ｍを越えて亜高山帯に入っているためか。シラビソやダケカンバの林にはまぶしい光が差し込み、僕が慣れ親しんだ、ヤブ山的深山の雰囲気は感じられない。むしろ、どこか外国のトレイルでも歩いているかのような感じ。一体なにがそう思わせるのだろう。

やがて林を抜け、行く手に笹原が大きく広がりだすと、この山がもつ明るさがさらに顕著になった。日差しを浴びて、ギラギラと照り輝くササの葉。そのうねりが、光と風に揺れる緑のさざ波のように、めざす白砂山へと打ち寄せている。

堂岩山《どういわ》を過ぎると、いよいよ白砂山へ向けてさえぎるものはない。大きくうねる山稜をひたすらたどるのみだ。この群馬と長野の県境稜線は、志賀高原から浅間山、荒船山を経て奥秩父の甲武信ヶ岳へと続く。主要な山地をつなぐ山脈道路とでも呼ぶべき感じ。そして、三方向の稜線が交わる白砂山は、いわば大きな交差点だ。それはつまり、奥秩父方面から北上してきた太平洋側風土が、この交差点で日本海側雪国風土と出合うということ。どうやらこの山がもつ「明るさ」は、太平洋側の乾いた風土がもたらしているもののようだ。

振り向くと背後には本白根山《もとしらね》、横手山《よこて》、岩菅《いわすげ》山など、志賀高原の山並みが連なる。目を北に移せば佐武流山や鳥甲山《とりかぶと》など、豪雪が育む峰々がそびえる。そうして明るい笹原を登りきると、そこが白砂山の頂上だった。広大な山上湿原をもつ苗場山が見える。谷川岳ははるか霞の彼方だ。残念なことに今日はここまで。しかし、上越・信越国境山脈の連なりは、まだまだ果てしなく先へと続くのだ。

堂岩山へと戻って八間山へ向かう稜線は、利根川と信濃川との分水嶺だ。日本の大河川を分かつ山稜には似つかわしくないほどに明るく、たおやかな尾根道を行く。まぶしい笹原に延びる登山道は、まるで遊歩道のような快適さで八間山に続いていた。

あとは登山口への下山を残すのみ。針葉樹の梢の向こうに見え隠れする野反湖の、空よりも青い湖面は、やはりどこか異国の雰囲気を感じさせる。三県を分かつ国境山脈中核の白砂山では、ヤブや豪雪が育むものとはひと味もふた味も違う匂いが、終始漂っていた。

八間山の下りから、青空よりも青い野反湖を見下ろす。異国を思わせる雰囲気が漂う

金沢レリーフ近くの岩陰で、ひっそりと咲くツバメオモト

白砂山 登山アドバイス

奥深い野反湖が登山口なので、マイカー、公共交通機関ともに、アプローチをよく検討して計画を立てたい。周辺にはキャンプ場（野反湖キャンプ場、要予約）のほかに宿泊施設はないので注意が必要。笹原のなかに拓かれた登山道は迷いやすい箇所はなく、道標もしっかり整備されているので安心して歩ける。キャンプ場を利用して高沢山やエビ山など、野反湖周辺の山にも足を延ばせばより充実したプランになるだろう。

[Data]

山行適期　6月上旬～10月中旬

参考コースタイム　白砂山登山口⇒地蔵峠⇒堂岩山⇒白砂山・八間山分岐⇒白砂山⇒白砂山・八間山分岐⇒八間山⇒白砂山登山口…計7時間40分

アクセス　**公共交通：**往復JR吾妻線長野原草津口駅（ローズクィーン交通バス1時間16分、1500円）野反湖　＊バスは土曜、休日、休校日などは便数が限られるのでマイカー利用が望ましい　**マイカー：**関越道渋川伊香保ICから県道35号、国道145号を経て長野原、さらに国道292号、405号で野反湖まで約73km、約2時間10分。登山口に無料駐車場あり

問合せ先　中之条町役場企画政策課☎0279-75-8802、ローズクィーン交通☎0279-76-4031

2万5000分ノ1地形図　野反湖

鳥甲山

2038m

ブナの森と険阻な岩をまとった、
信州秋山郷のシンボルへ

初夏の風に乗った緑の波が、
険しい様相を見せる鳥甲山
東面の壁に打ち寄せる

山村、というと、人はどんなイメージを思い浮かべるのだろう。

深い谷筋や山林、山沿いのわずかな平地に点在する家々。山に寄り添い、人に寄り添い、ひっそりと自然とともにある、素朴な暮らし。豊富な山の幸や、美しい季節の潤いに恵まれた、あたかも桃源郷のような、そんな暮らし。自然とともにある日々は厳しいけれど、どこかしら温かい、そんな世界……。

6年前、初めて冬の秋山郷《あきやまごう》・屋敷《やしき》集落を訪ねた。当時、僕は雪深い北信州の山村に家を借りたばかりで、日々豪雪に埋まる築200年の借家を掘り出す奮闘の日々を送っていた。決して桃源郷などではない、厳しい山村の暮らしを体験しつつあった自分の目に映る、雪に埋まる屋敷集落。そこで僕は、集落の背後にそびえる山から受ける強烈なプレッシャーに圧倒された。険しい障壁のような裏山は、人と自然とを断絶するかのようにそびえ立っていた。まるで、人々の安穏な暮らしを脅かす存在のようにすら思えたのだ。

人はなぜ、こんな厳しいところに住みついたのだろう。この険しい裏山、鳥甲《とりかぶと》山のある暮らしは、一体どんな日々なのだろう。

幾本もの険しいルンゼが切れ込む鳥甲山東面は、「第二の谷川《たにがわ》岳」と称された時代もあるほどに、かつてはクライマーたちの注目を集めた。地理的な不便さや岩質の脆さなどもあり、夢の開拓時代は過ぎ去ったものの、奥深い信州秋山郷のシンボルとして、今も孤高の存在を誇っている。

白嵓《しらくら》尾根の出だしは、鬱蒼としたブナ林だ。古くから続くマタギの里なだけに、いつになくクマの存在が気にかかる。と同時に、この山域がもつ、命豊かな息吹を感じざるをえない。ブナの太さが、山の奥行きが、凄い。

樹林が途切れると、この尾根の本領が発揮された。狭く急峻な岩尾根。足元は広く大きく切れ落ちて、山間に点在する秋山郷の小さな集落を見下ろす。「春の鳥甲は雪崩の音から始まる」という。鳥甲山東面を望む、和山《わやま》集落の民宿で聞いた話だ。麓の集落に響く、激しい底雪崩の

和山集落から眺める鳥甲山は、まるで翼を広げる怪鳥のような姿をしている。
左のスカイラインが白嵓尾根、頂上を経て右手に赤嵓尾根が延びる

1白嵓尾根の核心部、剃刀岩。鎖のつけられた高度感あるナイフエッジを行く。滑落注意　2鈴なりの可憐な花を咲かせるアカモノの大群落に出会った

音。それは人の暮らしを拒絶する自然の猛威などではなく、待ちわびた春の訪れを告げる知らせなのだという。威容を誇る鳥甲山の山容は、郷の人々にとっては決して脅威ではない。村に暮らす者にとっても、遠く村を離れた者にとっても、忘れ得ぬふるさとの象徴として心に描き続ける存在なのだという。

登るほどに広がる、背後を埋める壮大な緑のうねり。佐武流《さぶりゅう》山や白砂《しらすな》山、志賀高原北部の笠《かさ》法師《ほうし》山、烏帽子《えぼし》岳など、秋山郷にそそぐ中津川源流域の山々だ。この深い山と川が、秋山郷の暮らしを支えている。

天明、天保の大飢饉では、秋山郷内の三村が全滅したというが、これだけ隔絶した土地であれば、ひとたび飢饉や災害などあればひとたまりもない。近年になっても、都会から遠く離れた生活は、さまざまな面で厳しい現実にさらされている。それでも人の暮らしは続く。きっとそれは、山が深いゆえに得られる幸福が、ここにはあるから。山中から、谷底から漂ってくる濃い命の匂い。その恵みを人は求め、それによって生かされているのだと思う。

頂上を後に、赤嵓《あかくら》尾根を下る。谷を挟んで正面に、鳥甲山とは対照的にたおやかな山容を見せる苗場《なえば》山がそびえていた。母なる苗場山、父なる鳥甲山。父母に抱かれる子、秋山郷……。そんな言葉が自然と出てきた。

苗場山山麓の上ノ原集落を見下ろしながら山稜を行く。赤や青の、大きな古民家の屋根が印象的だ。山村の暮らしに想いをはせつつ……

シャクナゲ咲く稜線から広大な苗場山と、山裾に点在する秋山郷の集落を眺める

鳥甲山 登山アドバイス

津南から秋山郷方面へのバス便は本数が限られ、アクセスにも時間がかかる。屋敷温泉などに前泊する計画を立てること。マイカー利用の場合、下山後は屋敷登山口から車道をムジナ平まで戻る。秋山郷内は道路幅が狭いので運転に注意。本ルートは険しいリッジの登下降や、不安定な崩壊地の通過がある。特に白嵓尾根は急峻な岩場が多く危険なので、登りのルートとして計画するのがおすすめだ。行動時間も長いので、余裕をもった計画を立てたい。

[Data]
山行適期　5月下旬～10月下旬
参考コースタイム　屋敷⇒ムジナ平⇒1437m⇒白嵓ノ頭⇒鳥甲山⇒赤嵓ノ頭⇒屋敷山鞍部⇒屋敷登山口⇒屋敷…計10時間10分
アクセス　**公共交通：**往復JR上越新幹線越後湯沢駅（南越後観光バス45分、770円）津南（南越後観光バス25分、330円）見玉（南越後観光バス・森宮交通による予約デマンド交通35分、300円）屋敷、登山口まで徒歩1時間30分　＊見玉～屋敷のデマンド交通は前日の17時までに予約する（☎0269-87-3100）
マイカー：関越道塩沢石打ICから津南町を経由して秋山郷に向かう。屋敷を経由してムジナ平駐車場まで約60km、約2時間。
問合せ先　栄村秋山郷観光協会☎0269-87-3333、南越後観光バス　津南営業所☎025-765-3647
2万5000分ノ1地形図　切明・鳥甲山・苗場山

COLUMN 3

秋山郷

1

新潟県津南《つなん》町と長野県栄《さかえ》村にまたがる秋山郷《あきやまごう》。西を鳥甲《とりかぶと》山、東を苗場《なえば》山に挟まれた山深い地勢は、現代の「秘境」と呼ぶにふさわしい。平家の落人伝説に始まる郷の歴史は、江戸時代にこの辺境の地を旅した新潟県塩沢の商人、鈴木牧之《すずきぼくし》によって、さらに具体的な姿となって今に伝えられている。その著書『秋山記行』では、険しい山間の、衣食住などの風俗や、飢餓により全滅した村の話、秋田から渡ってきて住みついたマタギの話などが語られている。

現在の秋山郷は津南町から国道４０５号が最奥の切明《きりあけ》まで通じ、さらに冬期間通行止めだが志賀高原などまで林道が延びている。しかし、車社会の恩恵を受けるようになったとはいえ、雪や雨などの気象条件や、土砂災害などによる交通の途絶など、常に孤立感は免れない。その一方で、豊かな山の恵みに依存していた暮らしは現代の貨幣依存の社会へと移り

2

3

1 背後に柱状節理の岩山をもつ屋敷集落は、鳥甲山山麓の厳しい風景とともにある　2 鳥甲山を正面に望む和山集落。雪崩の音が春の訪れを告げるという　3 和山の名産、トチの木鉢に、旬の山菜を盛って

変わり、山人の暮らしは大きく変わってしまった。そして過疎化。それはこの山間に限らず、悲しいかな、どこの地方でも目にする光景でもある。

しかし、今も昔も変わらないこの険しい地勢に、やはり「人の暮らし」がある。どうしてこんなところに住みついたのだろう、という場所に、人が住んでいる。数年前に泊まった和山《わやま》集落の民宿の正面には鳥甲山がそびえ、朝に夕に、この山を眺め暮らす生活を実感した。その鳥甲山の山腹には、懸崖の下にうずくまるように屋敷《やしき》集落がある。見上げる背後の山の険しさ。その自然と対峙する暮らしの厳しさを想う。だけど山を見回して、谷を見下ろして、その深く果てしない恵みと、人々が暮らしのなかで脈々と培ってきた知恵を思うと、本来あるべき人の姿を想像せざるを得ない。秋山郷を見下ろす山に行くたびに、いや、人の暮らしの裏手から通じる山に行くたびに、僕はそんなことを思うのだ。

野々海のテントサイトへ向かう木道。綿菓子のような雲を追って

信越トレイル
深いブナの森に没する、
夏のロングトレイルへ

霧の中、やさしい土の感触を味わいながら関田峠から鍋倉山へ向かうトレイルを行く

ブナの息吹のような霧が漂う。なんだか木々に見下ろされているような気がしてきた

1 まるで人の手で造形されたかのようなブナの幹。ブナの数だけ、さまざまな表情の木に出会う　2 梅雨とはいえ、夏を待てないセミたちの抜け殻をあちこちで見かけた

今日も霧だ。

トレイルを覆う霧は、まるで木々の息吹のように揺れ動き、森に絡みついて離れない。奥が見えない森は、僕が見知ったいつもの場所ではなく、初めて出会う、新鮮な深さをもって広がっていく。しっかりトレイルがあるのに、この深さに僕は道を失ってしまったみたい。まるで森に酔っているかのように。深海や、宇宙って、こんな感じなんだろうか。

＊

梅雨の中休み。関田《せきた》山脈の麓にある自宅を出て、僕はトレイルに向かった。若い緑が揺れる田んぼをかき分けて列車は走る。子どもたちが通う学校がある町。知り合いの家や、馴染みの店。これからたどる山脈ばかりでなく、僕の日常の風景を車窓に映して、飯山線は走っていく。

信越トレイルが拓かれたのは２００８年のこと。作家で、バックパッカーでもあった故加藤則芳氏と信越トレイルクラブ、そして多くのボランティアの尽力によって、豪雪とブナ茂る関田山脈に全長約80㎞、通常４泊５日のトレイルが生まれた。いわゆる「縦走登山」とはひと味違う「ロングトレイル」。「歩くことでより深く自然に分け入り、自然の美しさや大切さを認識すること」。加藤氏の、そんなメッセージがこのトレイルには込められている。

ぶな、ブナ、山毛欅。さまざまなブナに導かれながら、松之山《まつのやま》口からトレイルをたどる。美しいブナ林が信越トレイルの魅力のひとつだが、特に天水《あまみず》山から鍋倉《なべくら》山周辺にかけての北部方面はみごとなブナの木々が多い。積雪の多さに比例するのか、初夏に斑尾《まだらお》山方面からトレイルを北上してみると、みるみる季節が逆行していくのがわかる。雪が残っていたり、すでに終わったと思っていた花が咲いていたりするのだ。

人っ子ひとり出会うこともなくたどり着いた野々海《ののみ》のテント場。夜更けに目覚めると、遠くフクロウが鳴いていた。

光と霧が戯れる朝、再びブナのトレイルに戻った。日本海からの湿った気流が山にぶつかるこの地では、こんな霧模様が日常なのかもしれない。ブナの幹の模様が、そのことを物語っている。まるで着物のように美しい紋様を見せるブナの樹肌。一見コケが貼りついているかのように見えるこれ、実は菌類と藻類が共生する地衣類というイキモノ。海からやってきた藻類がこんな山中でやっていけるのは、森が湿った大気に包まれているからに違いない。だから、この森は、山であり、海でもあるのだ。

今日はいくつの峠を越えただろう。登っては下り、また登り、の繰り返し。深坂《みさか》、野々海、須川《すがわ》、伏野《ぶすの》、宇津《うつ》ノ俣《また》、牧《まき》、そして梨平《なしだいら》峠。越後と信濃をつなぐ交易路が、これらの峠を介して存在していた。そんな峠を巡りつつ行く尾根道は長く、ひとり歩きに出会う人もいない。いくら美林とはいえ、ひたすら霧に煙るブナにもいい加減飽きてきて……。危うく僕は森に溺れかけ、それでもなんとか漂流民のように、光ヶ原のテントサイトに流れ着いたのだった。

そして今日もまた、霧の森。本日は関田山脈の盟主、鍋倉山を越える大事な日だ。いわばトレイル前半の山場だけれど、実は僕の普段の遊び場。四季を通じて、ひとりで、家族で、友達と、幾度となく行き来しているトレイルだ。すると霧の奥から、キョロロロロー……。鋭くも優しい鳴き声が響いた。アカショウビンだ。ヤマセミのような姿に真っ赤な色をした鳥、というが、実は僕はこの鳥の姿をいまだに見たことがない。毎年この声に誘われて森を行き来するものの、どうしても姿を見せてくれない。でも、まあ、そんなこともいいか、と思う。できれば出会って写真に撮りたいと思うけれど、誰もいないこの森で、確実にこの鳴き声の主と僕は今一緒に過ごしている。思えばさっき通過した黒《くろ》倉小池《くらこいけ》では、ちょうどひと月前に、モリアオガエルが大産卵大会をしていたっけ。あのカエルやオタマジャクシたちも、同じように霧に巻かれているのだろうか。そういえば、同じころばったり出会った大きなツキノワグマは、今もこの森をネグラにしているのだろうか。

そんなことを考えていたら、自分ひとりだと思っていたトレイルが、急に騒がしく、にぎやかになったように思えた。何よりも木々が、僕に語りかけているような気がしたのだった。

集落の裏に続く森を抜けて桂池へ向かう。森と里とをつなぐ通い路が、そのままトレイルになっている

1 沼ノ原湿原で見つけたオニユリ。緑広がるヤブ草原に、ひときわ目を引くオレンジ色　2 袴岳へ向かう朝、夏の日差しを浴びて大きくそびえる妙高山が目を覚ます

毛無山から見下ろす、斑尾の山腹に広がる畑。夏でも冷涼な気候が、良質な高原野菜を生み出す

最終日、その名のとおりの「赤池」脇のテントサイトで一日が始まった

ゴロッと横になって、広い空を見上げた。霧の中、ずっとブナの天井と壁に囲まれて歩き続けてきたので、なんだかほっとするような開放感を味わう。どうやら鍋倉山の先で雲霧帯を抜けたようで、低く雲が立ちこめてはいるものの、時折暑い夏の日差しに照らされるようになった。

足元に、緑の絨毯のような田んぼに囲まれた戸狩《とがり》の町と、ほとんど流れを感じさせない千曲《ちくま》川を見下ろす。ウチの子どもたちが通う、中学校や小学校が見える。ちょうど昼時、みんな給食の真っ最中だろう。

北の天水《あまみず》山から始まった信越トレイルは、ブナ林を縫うようにして鍋倉《なべくら》山を越え、戸狩温泉スキー場上部のゲレンデに至る。これで行程的には全体の半分くらい。この辺りからトレイルは信越の県境を離れ、斑尾《まだらお》エリアの毛無《けなし》山まで信州側を伝っていく。

思いのほかゲレンデの草地で長居をしてしまった。それはきっと、自分の見知った町を見下ろして、なんとなく安心してしまったせいだろう。トレイルに入ってからというもの、出会うハイカーもなく、一人ブナやケモノに語りかけるうちに、どうやら人恋しくなってしまったらしい。僕はやっと重い腰を上げると、今日の目的地の桂《かつら》池をめざし、ユキツバキやクルミが茂るトレイルをのろのろと歩き始めた。

翌朝はまたしても霧。トレイルに入って4日目のことだ。太いブナが鬱蒼と茂る黒岩《くろいわ》山への登りは、「熊《くま》ノ巣《す》池」なんて素敵な名前の池があるほどケモノの気配が濃いところ。日本では珍しい、ギフチョウとヒメギフチョウの混生地でもある。しかしそんな深山の雰囲気もつかの間のことで、黒岩山の先からは林道歩きが始まる。何しろ今日の行程は長い。めざす赤池までは約20㎞。あまりぼやぼやしているとたどり着けないかもしれない。

単調な行程だが、上杉謙信が兵を休ませたという大将陣跡や、かつては信越の物流の重要拠点であったという富倉《とみくら》峠など、いにしえを感じさせる歴史街道でもある。これまでも信越の交易路であった峠をいくつも越えてきたが、なかでもこの富倉峠には何軒もの茶屋が立ち並んでいたというから、往時のにぎわいはたいしたものだったのだろう。現在この峠の近くを国道292号と北陸新幹線の飯山トンネルが貫いていることを思うと、ここが地理的にいかに重要地点であったかがよくわかる。

　このような峠を越えてさまざまな物資が運ばれたわけだが、県境をまたいでの結婚や、野沢温泉や松之山温泉への湯治など、物だけでなく、人そのものの行き来も多かったという。それどころか、峠を越えてやって来た人たちが拓いた集落もある。関田山脈山麓の、僕が住む集落の大多数を占める「江口」姓の人たちは、かつて九州の熊本から日本海沿いを北上して、上越地方に行き着いた。そこからさらに関田山脈を越えて、今のこの土地に住みついたのだという。今はなきかつての喧噪を思いつつ、僕は一人トレイルをたどり続けた。

　涌井《わくい》で国道を渡る。ここから忍耐の舗装路歩き。炎天下の車道を這うように進み、再び山道の始まる涌井新池にたどり着くと、心底ほっとした。

　トレイル脇のブナにはクマの爪痕。ヒトとケモノの領域が混在しているのが、このような里山を行くトレイルの魅力だ。しかし、今日は後半に入ってからのアップダウンがきつい。毛無山から希望湖《のぞみ》、さらに沼《ぬま》の原《はら》湿原、赤《あか》池へと、登ったり、下ったり。意地悪だなあ、なんて思うのは、歩き疲れてしまったせいか。やっとの思いで僕はテント場のある赤池にたどり着いた。

　最終日、朝日に赤く染まる赤池を後にして、袴《はかま》岳をめざす。美しいブナ林と妙高《みょうこう》方面の展望がすばらしい袴岳は、このエリアでいちばんのお気に入りだ。ここを越えて万坂《まんざか》峠からは、いよいよ信越トレイル終点の斑尾山への登り。今回の80kmを振り返るには、こんなきついゲレンデの登りがちょうどいい。

　霧に揺れるブナ林。里山であることを実感させる村や町。今は絶えて久しい峠のにぎわい。そして歩き続けることの楽しさ。身近で深いロングトレイルは、今も昔も、森と暮らしをつなぐ通い路なのだ。

1 野々海高原テントサイト。本日は快適なサイトを独り占め　2 澄み切った青いガクが森に映えるエゾアジサイ

信越トレイル 登山アドバイス

信越トレイル上のテントサイトを利用するには事前予約が必要。専用の予約フォームから申し込み後、郵便振替口座に利用料を振り込む。1人1000円。詳細はウェブサイト（s-trail.net/tent/index）へ。トレイルは全般に標識などが整備され、迷うような箇所は少ないものの、時期によってはヤブが茂り、トレイルが覆われていることがあるので注意。サブトレイルなど分岐も多いので、現在地の確認はしっかり行なうこと。標高の低い山稜をたどるので、夏場は体力の消耗が激しい。

4日目の行程は舗装路など車道歩きも含めて約20kmもあるので、ペース配分をよく考えて歩きたい。特に涌井から毛無山の登山口にかけては日陰の少ない車道なのでダレないように歩くことが大切だ。後半の斑尾エリアでは、信越トレイル以外のルートが数多く交錯する。ほかのトレイルに入り込まないよう地図を確認すること。天候悪化などの緊急時には袴岳や斑尾山をショートカットできるトレイルもある。

戸狩温泉スキー場から眺める風景は、子どもたちが通う学校がある馴染みの街

[Data]
山行適期　6月下旬〜10月下旬（盛夏は不向き）
参考コースタイム
1日目　松之山口⇒天水山⇒野々海高原テントサイト…計3時間
2日目　野々海高原テントサイト⇒伏野峠⇒牧峠⇒光ヶ原高原テントサイト…計10時間
3日目　光ヶ原高原テントサイト⇒鍋倉山⇒小沢峠⇒桂池テントサイト…計7時間30分
4日目　桂池⇒黒岩山⇒富倉峠⇒涌井⇒毛無山⇒希望湖⇒沼の原湿原⇒赤池…計9時間
5日目　赤池⇒袴岳⇒万坂峠⇒斑尾山⇄大明神岳⇒斑尾高原ホテル…計5時間50分
アクセス　**公共交通：往路** JR飯山線森宮野原駅（タクシー約30分、約4500円）松之山口
公共交通：復路 斑尾高原ホテル（飯山市コミュニティバス30分、500円または長電バス700円、約30分）JR飯山駅　**マイカー：** 飯山駅前の市営駐車場（有料）に駐車し、JR飯山線、タクシーで入山。信越トレイルをスルーハイク後、斑尾高原ホテルからバスで飯山駅まで戻り、車を回収する。また、トレイルの起点から終点までマイカーを回送してくれるサービスもある。
問合せ先　信越トレイルクラブ事務局（なべくら高原森の家内）☎0269-69-2888、飯山市役所企画財政課企画調整係（コミュニティバス）☎0269-62-3111、長電バス☎0269-62-4131、森宮交通（タクシー）☎0269-87-2736、飯山代行センター（マイカー回送）☎0269-67-2351
2万5000分ノ1地形図　松之山温泉・柳島・野沢温泉・猿橋・飯山

143

信越トレイル セクションハイクのすすめ

ロングトレイルの歩き方として、全行程を一気に歩き通すスタイルを「スルーハイク」と呼ぶ。全長約80㎞の信越トレイルの距離感を感じるには、このスルーハイクで歩くのがいちばんわかりやすい。

それに対して、全行程を幾度かに分けて歩くのが「セクションハイク」だ。いわば「通いで歩く」ロングトレイル、というようなもの。この方法だと一回の日程や行程が短く、さまざまな季節を選んでトレイルをつなぎ楽しめる。

信越トレイルでは全行程を6つのセクションに分け、それぞれ5～7時間で歩くことができる。日帰りハイキングとして楽しめるのがセクションハイクの魅力だが、問題は入下山口へのアプローチ。公共交通機関があてにできないエリアなので、信越トレイルクラブ加盟の宿泊施設を利用して、送迎をお願いするのがおすすめだ。

温泉や地元料理、土地の人との触れ合いと合わせて楽しむセクションハイクは、より深くロングトレイルを楽しむスタイルといえる。

セクション1

斑尾山～万坂峠～袴岳～赤池

8.5km 約6時間

信越トレイルの南の起点・斑尾山からスタートするコース。バス停のある斑尾高原ホテルから斑尾山頂上へアプローチするのが一般的（約2時間）。斑尾山は登り、下りともにゲレンデ内の急斜面を行く。木陰などなく夏場は暑いが、展望はすばらしい。袴岳周辺は美しいブナ林が楽しめる。袴岳から下った赤池にはテントサイトがある。

セクション2

赤池～沼の原湿原～毛無山～涌井

10.7km 約5時間

赤池からよく整備されたトレイルを沼の原湿原へ向かう。木道が延びる沼の原湿原はミズバショウやリュウキンカの季節がよい。ひと山越えると希望湖、さらに毛無山を越えると涌井新池に出て、舗装された農道を緩く下って行く。単調な道が続くが、畑を縫う道に土地の暮らしを感じる。ほどなく国道292号の通る涌井に出る。

セクション5

関田峠～牧峠～伏野峠

12.4km 約6時間

関田峠からいよいよ濃くなるブナの尾根をたどる。いくつものアップダウンを繰り返しながら小さな牧ノ小池を過ぎると、やがて車道の通る牧峠。ここから急な尾根を登ると展望のよい花立山に着く。たどるほどに深山の趣が濃くなるトレイルは、宇津ノ俣峠、幻の池を経て、国道403号が通る伏野峠へ至る。

セクション4、小沢峠へ向けて霧が立ちこめるブナ林を行く

セクション6

伏野峠～野々海峠～天水山

12.8km 約7時間

信越トレイル最北のセクションは、終始ブナ林をたどる。深い山間に車道が通る深坂海峠からは野々海キャンプ場へアクセスできる。信越トレイルの北の起点である天水山からの下山は、松之山口が最も車道に近い（約40分）。また、林道を経て栄村口まで下れば（約2時間30分）、JR飯山線森宮野原駅までのアプローチが近くて便利だ。

ただ歩くばかりでなく、時にはのんびり景色を楽しみたい

セクション3

涌井～富倉峠～桂池～仏ヶ峰登山口

12.7km 約6時間

本セクションは富倉峠や上杉謙信ゆかりの大将陣跡などを巡る歴史トレイル。いにしえの人々の往来を感じながら歩きたい。前半は緩やかな林道歩きが続くが、やがて黒岩山へ向けて急な山道となる。周辺は深いブナ林だ。テントサイトのある桂池を過ぎてスギやクルミの茂るトレイルを行くと、ゲレンデに出て、仏ヶ峰登山口に着く。

セクション4

仏ヶ峰登山口～鍋倉山～関田峠

8.2km 約6時間

仏ヶ峰登山口からゲレンデ内の急斜面を登って稜線へ出る。ここからブナが茂る稜線歩きが続く。仏ヶ峰から小沢峠を過ぎて、尾根はアップダウンを繰り返しながら鍋倉山へ向かう。途中ヤセ尾根があるので注意。鍋倉山、続く黒倉山を越え、緩やかな尾根をたどる。茶屋池との分岐を過ぎるとほどなく県道95号が通る関田峠に着く。

COLUMN 4

ロングトレイル

1

「ロングトレイル」という言葉が日本に定着して、もう大分たつのではないだろうか。僕が初めてこの言葉を耳にしたのは、今から20年近く前、作家でバックパッカーの故加藤則芳氏とアメリカのハイシエラ・トレイルを歩いたとき。森あり、川あり、4000m峰ありの10日間にわたるバックパッキングの旅は、僕にとって初めての「ロングトレイル」だった。

以降、日本でも、この加藤氏の尽力により、約80㎞の信越トレイルが生まれ、さらに滋賀県の高島トレイルや、最近ではみちのく潮風トレイル、ぐんま県境稜線トレイルなど、本格的な「ロング」トレイルが次々と生まれている。

さて、このロングトレイルとはなんなのか。そもそも縦走登山とは何が違うのだろう。一般に縦走登山とは、稜線上の主要なピークをつないで歩くことを目的とするもの。一方ロングトレイルは、山頂や稜線にこだわらず、人の暮らしや文

2

3

1 晩秋の朝、深坂峠で夜明けを迎える。今日もトレイルで過ごす一日が始まる　2 夕立が去って、青空が広がる。ロングトレイルの魅力は「歩くという暮らし」だ　3 信越トレイルのマーキングは、幹に負担をかけない仕様

化、歴史、自然に触れつつ、長距離を徒歩でたどるルートを意味する。2019年にできたみちのく潮風トレイルは、東北の太平洋岸沿いをたどる、全長約1000kmを超えるロングトレイルだ。東日本大震災の復興の一役をも担うこのトレイルは、山間部ではなく、海岸沿いに人と自然をつなぐ、新しいタイプのロングトレイルといえるだろう。

　古来、日本人は徒歩で長距離の旅をしてきた。巡礼の名の下に行なわれてきた四国八十八箇所巡りや、お伊勢参り、大名の参勤交代なども、それぞれ目的は違っても、現代の「ロングトレイル」と同じように、みんな歩くことを楽しみながら、長距離移動をしていたに違いない。

　日本人にとって「ロングトレイル」はまだ新しい言葉かもしれない。でも、実はずっと昔から、すでに日本人は「ロングトレイル」を楽しんできたのだと思う。だから今、続々と魅力的なトレイルが全国に生まれているのだろう。

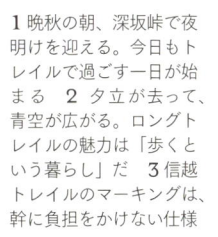

新 鍋倉山

1289m

新潟県と長野県の県境をなす関田《せきた》山脈。標高もさほど高くなく、全長80km足らずの小さな山脈だが、日本海間近に連なる豪雪の山稜である。その盟主たる存在が鍋倉《なべくら》山だ。標高1289mに過ぎない低山だが、6月に入っても雪渓を残す、「超」豪雪山である。鬱蒼としたブナに覆われた山容は、「ふるさとの山」と呼ぶにふさわしい、やさしい姿をしている。

登山コースは信越トレイルの通る関田峠方面から入るものと、巨木ブナ「森太郎《もりたろう》」で知られる巨木の谷から入るルートがある。登山口の位置やアプローチの都合上、同一の登山口から往復する人が多いが、ぜひ両ルートをつないで、ブナ茂る尾根と谷をたどってほしい。

前半は文字どおり「巨木」ブナが点在する谷筋を行く。滑りやすい急斜面が続くので足元に注意。鍋倉山山頂からは黒倉《くろくら》山を経て、小さなアップダウンのある尾根を下る。関田峠へ出てもいいが、茶《ちゃ》屋池《やいけ》を巡って県道に出るほうが変化があっておもしろい。

全山紅葉に包まれた鍋倉山。たおやかな「おにぎり山」は、地元に愛されるふるさとの山だ

[Data]

山行適期 6月中旬〜10月下旬

参考コースタイム 巨木の谷入口⇒森太郎⇒鍋倉山⇒茶屋池…計3時間

アクセス **公共交通**：往路 JR飯山線戸狩野沢温泉駅（タクシー約20分、5000〜6000円）巨木の谷入口 復路 茶屋池（タクシー約25分、5000〜6000円）JR戸狩野沢温泉駅

マイカー：上信越道豊田飯山ICから国道177号、県道95号を経て巨木の谷入口まで約1時間。無料駐車場あり。茶屋池に下山後は巨木の谷入口まで車道を約1時間歩いて戻る。

問合せ先 信越トレイルクラブ事務局（なべくら高原森の家内）☎0269-69-2888、長野交通☎0269-65-3105、飯山観光ハイヤー☎0269-63-3232

2万5000分ノ1地形図 野沢温泉

斑尾山

1382m

標高1382mの斑《まだら》尾《お》山は、信越トレイルの最高峰。スキー場と、トレイルランニングの大会会場としても有名だ。高原リゾート地として開発された斑尾高原は、その自然豊かな環境を生かして、信越トレイルばかりでなく、森と湿原を巡るさまざまなトレイルが作られている。日程や体力などに合わせて自分好みのハイキングが楽しめるのがこのエリアの特徴だ。ここでは斑尾高原ホテルを起点に、斑尾山と沼《ぬま》の原《はら》湿原を巡る周回コースを紹介する。

斑尾山の登りは日陰のないゲレンデ内を歩くので熱中症に要注意。やがてブナの尾根をたどると、斑尾山に着く。下りは再びゲレンデを行くが、傾斜が強いので慎重に。万坂《まんざか》峠から車道を少し進み、湿原西トレイルを行く。沼の原湿原ではミズバショウ、リュウキンカ、イワイチョウなどの花が楽しめる。さらに湿原東トレイルをたどって高原ホテルへ向かうが、分岐が多いのでよくルートを確認すること。

斑尾高原スキー場から眺める斑尾山。信越トレイルの最高峰への登りはゲレンデ内の急登で始まる

[Data]

山行適期　6月中旬〜10月下旬

参考コースタイム　斑尾高原ホテル⇒斑尾山⇒大明神山⇒斑尾山⇒万坂峠⇒湿原西トレイル⇒湿原東トレイル⇒斑尾高原ホテル…計5時間

アクセス　**公共交通：**往復JR北陸新幹線飯山駅（飯山市コミュニティバスまたは長電バス30分、500円または700円）斑尾高原ホテル　**マイカー：**上信越道豊田飯山ICから県道96号経由で斑尾高原ホテル。約15km、25分。高原ホテル、もしくは登山口に駐車スペースあり。

問合せ先　信越トレイルクラブ事務局（なべくら高原森の家内）☎0269-69-2888、斑尾高原山の家☎0269-64-3222、飯山市役所企画財政課企画調整係（コミュニティバス）☎0269-62-3111、長電バス☎0269-62-4131

2万5000分ノ1地形図　飯山

菱ヶ岳

1129m

関《せき》田《た》山脈の山中深くに埋もれるようにそびえる菱《ひし》ヶ岳。信越トレイルが頂上を通らない「不遇」の山である。その山容は菱の名前のとおり、鋭い三角形。キューピットバレイスキー場に面する北面は広く開けているものの、深いブナの森からせり上がる姿は、とても１１２９ｍの峰とは思えない風格がある。

国道４０３号の長野県側から信越トレイルの通る伏野《ぶすの》峠を越えて、少し下った先が登山口。駐車スペースと不動滝《ふどうだき》への入口がある。出だしから深いブナ林を行く。巨木が点在する登山道は視界が利かない。しばらく登ると小さな沢を渡る。森がたっぷりと水を蓄えているようで、小さな湿地が点在し、ミズバショウの群落がある。ほどなく須川《すがわ》峠方面への分岐がある沢に出て、この流れに沿って平坦なヤブ道を行く。深いブナ林と小さな沢。変化のある登山道が続く。

沢筋から尾根へと上がり、ブナの巨木を縫うように登っていく。途中木々の間から、山裾から広がる田畑と、間近に迫る日本海を望む。ここを登り切ると北側が開けた菱ヶ岳頂上に着く。足元のスキー場や、海岸線へと続く平野の眺めがすばらしい。

頂上を後にして南東へ登山道をたどる。すぐに滑りやすい急斜面となり、ロープに頼りながらこれを下る。下りきった辺りでスキー場のゴンドラ駅への道を分け、沢沿いのぬかるんだ登山道をたどる。やがて登ってきたときの沢沿いの平坦地へ下る道を右に分け、深いブナ林に続く傾斜の緩い斜面を行く。次の標識で須川峠へのルートと別れ、右へ急斜面を下って行く。美しいブナの木々を見上げながら下っていくと、やがて国道４０３号へ出て、車道を渡って不動滝への周回路へ入る。急斜面から展望のよいヤセ尾根に上がると、先ほど登った菱ヶ岳が望める。この先、ロープのある急斜面が続く。下り切ったところで徒渉して、少し登ると迫力ある不動滝を望む。ここから急登をしばらく行くと菱ヶ岳登山口に出る。

1 新潟県側に張り出した菱ヶ岳は、深いブナ林に埋もれるようにそびえる　2 ルート内には太いブナが点在し、小沢の徒渉や不動の滝など、変化に富んで飽きがこない

登山アドバイス

登山口は、最寄り駅から遠くアクセスが不便なので、マイカー利用が望ましい。登山道ははっきりしているが、小さな沢を渡る場所が何カ所かあるので道を見失わないように気をつけること。須川峠へ向かうルートとの分岐は、標識があるものの見落としやすいので要注意。コース全般に、深い森の中の沢筋や尾根を行く。見通しがわるく、方向を見失いがちなので、地図などでしっかりとルートや現在地を確認しながら進むこと。

[Data]
山行適期　6月中旬～10月下旬
参考コースタイム　菱ヶ岳登山道入口⇒菱ヶ岳⇒須川峠との分岐⇒ブナ林道上コース入口⇒不動滝⇒菱ヶ岳登山道入口…計2時間35分
アクセス　公共交通：往復 北越急行ほくほく線虫川大杉駅（タクシー約45分、7000～8000円）菱ヶ岳登山道入口　マイカー：上信越道豊田飯山ICから県道409号、国道403号を経て登山口まで約40km、約50分。駐車スペースあり。国道403号は道幅が狭いので通行には充分注意すること。
問合せ先　信越トレイルクラブ事務局（なべくら高原森の家内）☎0269-69-2888、浦川原タクシー☎025-599-2311
2万5000分ノ1地形図　柳島

戸隠山

1904m

伝説と修験の歴史が包む、
険しい山稜をたどる

蟻の塔渡、剣の刃渡と続く核心部。人が、アリのように這い渡る

樹齢約400年とされる、戸隠神社奥社に続く参道の杉並木

八方睨から望む、西岳と本院岳。険しい稜線の縦走路は上級者のみに許されたルートだ

1 登山道のそこかしこで出会うヤマオダマキ。UFOのように宙に浮かんで揺れていた　2 五十間長屋から望む荒々しい戸隠山東面

長野市の北方すぐ裏手にそびえる戸隠《とがくし》連峰。表山と称される戸隠山と、裏山と呼ばれる高妻《たかつま》山、それに西《にし》岳へと続く、南北に連なる山塊である。連峰の南端は鬼無里《きなさ》の一夜《いちや》山に始まり、高妻山で信越県境へとつながっている。

戸隠山は不思議な山である。荒々しいイメージがある一方で、その山容はどこかつかみどころがない。例えるなら八《やつ》ヶ岳の横《よこ》岳に似ている。横に長い頂稜に突き上げる、幾筋もの急峻な岩稜。その突き上げたコブの一つ一つが小さなピークをなして、顕著な頂上をもつ他の山とは違った山容を成している。南から八方睨《はっぽうにらみ》、戸隠山、九頭龍《くずりゅう》山。もちろんそう言われても、岩稜の先にそのピークを見つけるのは難しい。とにかくギザギザとした稜線が連なる険しい山、戸隠山はそういう山である。

しかし、戸隠山の不思議さを醸し出しているのは、こんな山容のためだけでは決してない。伝説と山岳修験の古い歴史が険しい山稜を包み込み、一種独特な雰囲気を醸し出しているのだ。

戸隠神社奥社に続く参道は豪壮な杉並木だ。立ち並ぶ樹齢400年とされるスギの古木は、この地の神聖さをいやが上にも感じさせる。原始林のもつ動物や植物の生命力とは違うなにか。それは神か魔物の存在か。まっすぐな梢の上から見下ろされているような、大木の陰から見つめられているような、何者かの存在を意識してしまうのだ。

戸隠山には有名な二つの伝説がある。一つは、天照大神《あまてらすおおみかみ》が籠った岩屋の岩戸を天手力雄命《あめのたぢからおのみこと》がこじ開け、投げ飛ばしたその天岩戸《あまのいわと》が戸隠山になったという岩戸伝説。もう一つは、京都から戸隠山に追放された鬼女・紅葉《もみじ》を、天皇の勅命で平維茂《たいらのこれもち》が退治したという紅葉伝説である。神や鬼。伝説の登場人物たちがそのまま現われてきそうな気配を感じながら、僕は深い静寂の参道を歩いていった。

奥社の手前で参道は終わり、いよいよ登山道が始まる。今までの杉並木に代わって初夏のやさしい緑の雑木林が続く。しかし登山道の様相はみるみる険しくなり、もろい凝灰岩を這い伝う修験の道が始まった。

　戸隠が霊場と伝えられるようになったのは平安末期のことだという。その後、鎌倉時代には高野山、比叡山に並ぶ一大霊場として広く知られるようになり、「戸隠十三谷三千坊」と呼ばれるほどの宿坊の数を誇ったとされる。戸隠山から高妻山にかけてが修験の場である戸隠曼荼羅とされ、山中には修験者が利用した「三十三窟」と称される岩屋や洞窟が今も残されているという。険しい戸隠山の山中は、神や鬼の住処であったばかりでなく、山伏たち修験者の、厳しい修行を求める場でもあったのは当然のことだろう。

凝灰岩からなる戸隠山の岩場は脆く崩れやすい。急峻な鎖場が連続するので慎重な行動が要求される

　現代は修験者の代わりに、登山者がこの岩山を這い上がる。傾斜が強い岩場には鎖が付けられてはいるものの、腕力頼りの厳しいクライミングを強いられる。穂高《ほたか》や剱《つるぎ》ならハシゴがかけられているような急な岩壁でも、無情に垂れ下がる鎖をつかんで登るのみだ。

　ギョッとするほど急峻な胸突き岩を越えると、いよいよ核心部の蟻《あり》の塔渡《とわたり》、剣《つるぎ》の刃渡《はわたり》が続く。さえぎるもののない奈落の底へと切れ落ちたナイフエッジの通過は、他の山ではそうそう味わえない恐怖である。歩いて渡ることはできないほど細い岩稜を、またいで、両足を虚空に投げ出して、じりじりと這い進んでいく。僕がめざすのは戸隠山の頂だが、苦行の末に法力を身につけるという修験者の厳しい精神を感じずにはいられない。はたしてこの険しい修験の道の先で僕を迎えてくれるのは、神か、それとも鬼か。

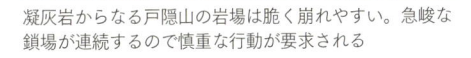

戸隠山 登山アドバイス

急峻な岩場が連続する険しいルート。随所に鎖が整備されているが、傾斜が強く、腕力頼みの登りが続く。特に西窟から八方睨にかけては、胸突き岩や蟻の塔渡、剣の刃渡など険しい岩場が連続し、気が抜けない。巻き道も急傾斜の下りなので充分に注意すること。ヘルメットの着用、ロープによる安全確保などの対策が必要だ。鎖の支点が利用できるクライミングルートと認識すべきで、岩場に不慣れな登山者は他のルートで充分経験を積んでから臨むこと。

[Data]

山行適期 6月上旬〜11月下旬

参考コースタイム 戸隠奥社入口⇒戸隠神社奥社⇒百間長屋⇒八方睨⇒戸隠山⇒九頭龍山⇒一不動避難小屋⇒戸隠キャンプ場…計6時間25分

アクセス **公共交通：** 往路 JR北陸新幹線長野駅（アルピコ交通バス1時間8分、1350円）戸隠奥社入口 復路 戸隠キャンプ場（アルピコ交通バス1時間14分、1450円）JR長野駅 **マイカー：**上信越道信濃町ICから約15km、約25分。戸隠奥社入口に無料駐車場あり。下山後は戸隠キャンプ場からさかさ川歩道を戸隠奥社入口へ約30分歩いて戻る。

問合せ先 長野市戸隠支所☎026-254-2323、アルピコ交通☎026-227-0404

2万5000分ノ1地形図 高妻山

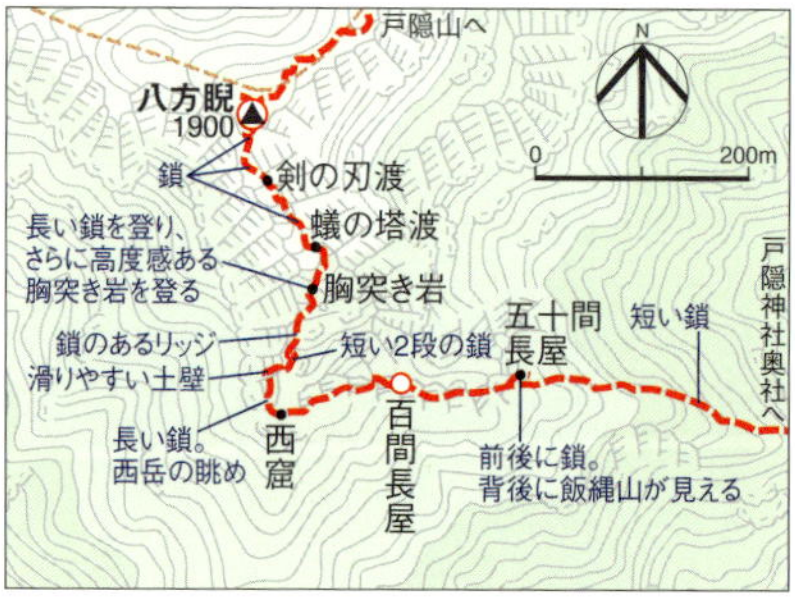

1 核心部、蟻の塔渡り、剣の刃渡りを前に八方睨を見上げる。滑落に注意して、充分気を引き締めて臨むこと　2 西岳を望む、戸隠山の方位盤　3 険しい登山道の脇に見つけたテガタチドリ。可憐な花の姿に、ほっと一息つけられる

高妻山
2353m
絶海の孤島のように際立つ、
気高いピナクルをめざす

戸隠山から望む高妻山。
重量感ある山頂部がひ
ときわ目を引く

秋の焼山付近から望む高妻山。どこから見ても絵になる山容は、やはり百名山の風格といえる

滑りやすい岩場に長い鎖が付けられた帯岩。滑落に注意

頂稜から望む剱岳と唐松岳。後立山を中心に、遠く槍・穂高を望むパノラマが広がる

1 下山途中、山腹を霧が漂い始めた。ブナの森が、よりいっそう深みを増し、深山の雰囲気を演出する　2 高妻山から乙妻山へ向かう途中の草原で見つけたホソバコゴメグサ

「気高いピナクル」に
勝るとも劣らぬ迫力の、
力強いブナの大木

気

高いピナクル。高妻山《たかつま》をそう呼んだのは、日本百名山の著者、深田久弥《ふかだきゅうや》だ。それは戸隠《とがくし》山稜線から眺めた容姿を指して言ったものか。確かに戸隠山から一不動へ至る縦走路から梢越しに眺める姿は、険しいピラミダルな山容を誇って、登山者を威圧するかのようにそびえている。しかし、決して高妻山は槍ヶ岳のような、いわゆる「ピナクル」と呼ぶほどの鋭峰ではない。むしろゴロッとした山頂部が目を引く、重量感ある鈍器山である。でも、どういうわけかこの山は、どこから眺めても絵になる。なぜかそこに目がいってしまう存在感がある。それは一体なぜだろう。

　僕が「高妻山」という山の存在を初めて知ったのは、ごく最近のことだ。晩秋の戸隠山を登った帰りに立ち寄った温泉で、店のおばちゃんに「高妻山に登ったのかい」と聞かれたのがその名を耳にした最初だった。当時の僕は「高妻山」に関する知識もなく、あの険しい戸隠山に登ってきたのに、このおばちゃんはなぜ聞いたこともない山の話をするのだろう、なんて不思議に思ったものだった。

　それからしばらくたってから、そのときの山の名前が気になって、地図を開いてみた。戸隠山から北へ山稜をたどった先に、高妻山はあった。標高2353m。驚いたことに百名山だという。なるほど、温泉のおばちゃんに聞かれたのも合点がいく。とはいえ、高妻山への僕の興味はそれ以上深まることはなく、どこかの遠い山としてなんとなく記憶に留めている程度だった。

　しかし、幾度か黒姫《くろひめ》山や頸城《くびき》の山々に通ううちに、僕の中でこの高妻山の存在が次第に大きくなっていった。それは百名山だからではない。高妻山が見せる堂々とした姿に惹かれたからだ。火打《ひうち》山や雨飾《あまかざり》山の辺りから眺める、遠く深くそびえる山容。黒姫山山麓に広がるお花畑の向こうに、どっしりとした風格を見せる山体。そして飯縄山から眺めると、高妻山はピラミダルな姿で天を突いてそびえていた。

　高妻山への出だしは、美しい高原に広がる牧場とキャンプ場。夏休みのリゾート地のような雰囲気が、これから山へ登る身には場違いのようで、身勝手な話だが少し気に障る。それも山に向かうという緊張感があってこそ。しかも、めざす高妻山は日帰りとしては結構きついアップダウンの山なのだ。

沢筋を行く登山道は徐々に傾斜を強め、水流脇の鎖を伝う。滑りやすい帯岩を慎重に越えると、ほどなく一不動《いちふどう》避難小屋の立つ稜線に出た。

ここで戸隠山へのルートと別れ、いよいよ高妻山へ向かう。さすが山岳修験者が通った尾根は、戸隠山のような険しい岩場はないものの、なかなかきつい。ときに木の根をつかみ、這うような急登に息が上がる……。

決して特異な山容をしているわけではないのに、高妻山は存在を主張する。乙妻《おとつま》山など周囲の山稜も含めた姿は、八ヶ《やつ》岳のように独立した山塊として浮き立って見える。それはまるで幾重にも打ち寄せる山の波にもまれる、絶海の孤島のように際立つ存在だ。

その孤島の、特に目を引く山頂ドームが、五地蔵山を過ぎると僕の眼前に大きく立ちはだかった。深田久弥が「気高いピナクル」と呼ぶ、その部分だ。その言葉に、彼のこの山に対する近寄りがたい畏れと憧れ、そして挑む気持ちを感じる。僕もその気持ちに同感だ。はるかに眺めて、憧れてやって来て、しかし今、眼の前の存在に打ち負かされそうに感じている。それはまさに「ピナクル」であった。それほどにめざす山頂は、堂々とそびえていた。

九勢至《きゅうせいし》を後に、いよいよ山頂「ピナクル」へ向けて最後の登りにかかる。灌木帯に続く急登は、脆いガラ場や岩場が出てくるものの、体力勝負でグイグイ登る。黒姫山や戸隠山など、足元から大きく広がっていく展望がすごい。そしてさらに頂稜まで登り詰めると、雲海に浮かぶ北アルプスの大パノラマが迎えてくれた。

頂上から際どい岩稜をたどって、乙妻山へ向かった。そこは信越の国境稜線。この先、山稜は金《かな》山を経て雨飾山へと延びるものの、登山道はこの乙妻山でいったん途切れてしまう。たどり着いた、まさに絶海の孤島で、僕はひとり山に酔い続けたのだった。

きっと深田久弥も見たであろう「気高いピナクル」。戸隠山から一不動への縦走路から見る高妻山は、険しい様相をして天を突くようにそびえている

高妻山 登山アドバイス

一不動避難小屋への登りは滝を巻くように鎖を伝う。岩場は濡れていると滑りやすいので要注意。高妻山への登りは全般にアップダウンが多い尾根を行く。頂上手前では急な岩場の通過もあるので慎重に。特に下りは要注意だ。また、乙妻山へは細い岩稜をたどる。体力や技術、時間的ゆとりなどを判断して行動すること。行動時間が長いルートなので、なるべく早発ちを心がけ、ペース配分に配慮して行動しよう。

[Data]

山行適期　6月上旬～11月上旬

参考コースタイム　戸隠キャンプ場⇒弥勒コース分岐⇒一不動避難小屋⇒六弥勒⇒高妻山〈乙妻山往復〉六弥勒⇒戸隠牧場⇒戸隠キャンプ場…計9時間40分

アクセス　**公共交通：**往復JR北陸新幹線長野駅（アルピコ交通バス1時間17分、1450円）戸隠キャンプ場　**マイカー：**上信越道信濃町ICから約15km、約25分。戸隠キャンプ場入口に登山者用無料駐車場あり。

問合せ先　長野市戸隠支所☎026-254-2323、アルピコ交通☎026-227-0404

2万5000分ノ1地形図　高妻山

黒姫山

2053m

山麓に豊かな水をもたらす、
伝説の山上湖を訪ねる

春の高妻山から望む黒姫山。台形状のピークは御巣鷹山で、頂稜右側を形成する外輪山の一角が頂上

黒姫山から望む槍・穂高連峰。空気の澄んだ秋には八ヶ岳や、遠く富士山を望むこともできる

武田信玄と上杉謙信が北信州の国をめぐって争いを始めた、そんなころ。信州中野の城主に、黒姫《くろひめ》という美しい娘があった。あるとき、その黒姫に一目惚れした志賀高原・大沼《おおぬま》池の黒龍が黒姫との結婚を申し込むものの、黒姫の父・政盛は「人間ではないものに娘はやれない」と断る。諦めきれずに黒姫のもとへ通い続ける黒龍を、政盛は試すとみせかけて罠にかけてしまう。傷つけられ、腹を立てた黒龍は恐ろしい本性を現わし、大嵐を起こして中野の城下を襲う。父への怒りと、嵐による水害に苦しむ城下の民への思いから、黒姫は黒龍と生きることを決心する。そうして二人は妙高《みょうこう》山と戸隠《とがくし》山とに挟まれた北信の山へと移り住み、山上の池で暮らし始めた。人々はその山を、黒姫山と呼ぶようになった。

この物語は、「黒姫伝説」として知られている。ほかにも、蛇身と結ばれることに苦しむ黒姫が自害するものや、水害に苦しむ民を救うために黒姫が龍蛇を退治する話、さらには黒姫自身が大蛇になってしまうものなど、さまざまな内容の物語が伝わる。それは、それだけ人々が、この黒姫山に思いをはせてきたということの表われか。脈々と続いてきた黒姫山と共にある里の暮らし。数多くの伝説が生まれたのは、人と山との密接な関係があったからなのだと思う。

＊

凛と冷えた朝の森。淡い新緑の木々を仰ぎながら登山道を行く。湖畔の木々を水面に映す古《ふる》池まで来ると、ミツガシワの大群落の向こうに、稜線に雪を残す高妻山《たかつま》が現われた。

伝説の山、黒姫山。信州の北の果てに、お椀を伏せたようにそびえる姿は、信濃富士の異名をもつ。妙高山、斑尾《まだらお》山、飯縄《いいづな》山、戸隠山と合わせて北信五岳《ほくしんごがく》の一つにも数えられている。まるで子どもが描く山のようなその山体は、木々に覆われて、全体が大きな森のよう。コニーデ式火山の頂上は、中央部の御巣鷹山《おすたか》(小黒姫)よりもわずかに高い外輪山の一角にある。

数年前まで神奈川県に暮らしていた自分にとって、この黒姫山はずいぶんと遠い存在だった。周辺の妙高山や火打山《ひうち》、高妻山など、有名な百名山などと同様に、気になっていたものの、なかなか訪れる機会がない山だった。しかし北信州・飯山に引っ越してきてからは、その遠い存在こそが身近になり、眺めたり、思いついては登りに出かけたり、いわば「ちょっと遠くの裏山」とでも呼ぶべき存在になったのだった。

サワグルミの木を縫って流れる小沢を渡ると、森に続く登山道の傾斜がきつくなった。黒姫山を麓から見上げたときの、あのどっかりとした大きな山容を思い出し、これから始まる急登に早くもうんざりする。しかし、そんな思いとは裏腹に、新緑のブナ林の心地よさに酔いしれる。自然と力が湧いてくるような気持ちになるのは、春という生命を感じさせる季節だからだろうか。

シナノキのある小広場を過ぎると、黒姫山外輪山へ続く急登がいよいよ厳しさを増す。木々に囲まれて展望はないものの、登るにつれて辺りは明るさを増し、やがて広がる大パノラマに期待が膨らむ。息を切らせながら外輪山へと這い上がると、足元から大きく展望が広がった。

残雪の高妻山、焼山《やけ》、火打山。ごつごつとした塊は戸隠山だ。その背後には北アルプス。槍《やり》・穂高《ほたか》から後立山《うしろたてやま》、よく見れば五竜《ごりゅう》岳と唐松《からまつ》岳の間から剱岳が顔を見せている。今日は春霞で見えないけれど、晩秋に登ったときには、飯縄山の背後に富士山と八《やつ》ヶ岳も姿を見せていた。そして霞の中にうっすらと見える中野の街と志賀の山々。黒姫と黒龍の故郷が遠く霞んでいた。

　頂上へは笹原に続く明るい登山道をたどる。小さなアップダウンはあるものの、これだけの展望に取り囲まれればなにも言うことはない。ほどなく岩の上に祠のある黒姫山頂上に着いた。ゴロゴロとした岩の雰囲気は、やはりここが火山の一角だと思わせる。梢を透かして見るとさらに大きな火山、妙高山がそそり立っていた。

　頂上を後にして外輪山をたどる。足元には野尻湖や、たっぷりと水を貯えた田んぼを望む。一面の水田は、まるで大きな湖のよう。そういえば黒姫伝説には雨乞いの話も伝えられている。里からせり上がる黒姫山。黒姫は田畑を潤し、里人は朝に夕に、その姿を仰いできたのだろう。

　やがて外輪山の稜線は針葉樹に取り囲まれ、展望が失われる。木の根が伝う尾根道は薄暗く、先ほどまでの開放的な雰囲気とはずいぶん違う。むしろ、黒姫、という名にふさわしい森。そうしてコメツガの木々を縫うように下って行くと、黒姫乗越に出た。ここで小泉山道と別れて火口へ、今も黒姫と黒龍が暮らすと言われている山上の池をめざして下り始めた。

　外輪山の内側は雪解けが遅いのか、急に残雪が多くなった。ルートが判然としない森を、かすかな踏み跡を探しつつたどっていく。鬱蒼と茂るオオシラビソ。黒姫と黒龍が、今にも大木の陰から姿を現わしそうな、そんな森。針葉樹と残雪に阻まれたここは、あたかも伝説の世界との結界のようだ。いつしか傾斜の落ちた残雪の森を、僕は漂うように歩いていった。

　遠くの明るい光に誘われるように行くと、やがて開けた笹原に出た。点在する池。ここが山上の池、七《なな》ツ池と峰《みね》ノ大池《おおいけ》だ。伝説の主人公たちはここに遊び、暮らすという。そんな伝説の山を、今日もこれからも、里人は見上げて暮らしていくことだろう。

1 晩秋の峰ノ大池。「黒姫伝説」の主人公、黒姫と黒龍がこの「山上の池」で暮らしていると言われている　2 古池を後に美しい森を行く。途中で渡る小沢は源流の趣を感じさせる

黒姫山 登山アドバイス

黒姫山登山道入口の駐車スペースは狭いため駐車できないこともある。その場合は戸隠キャンプ場方面へ少し行った所にある大橋付近に駐車してもよい。黒姫乗越から七ツ池付近にかけては、時期が早いと残雪のためにルートがわかりにくい。地形図を確認しながら的確なルートファインディングを心がけたい。峰ノ大池からの下りは滑りやすい大岩が点在して歩きにくい。特に天狗岩付近は要注意。足元に注意して慎重に下ること。

[Data]

山行適期　5月下旬〜11月上旬

参考コースタイム　黒姫山登山道入口⇒古池⇒新道分岐⇒しらたま平⇒黒姫山⇒黒姫乗越⇒峰ノ大池⇒笹ヶ峰方面との分岐⇒新道分岐⇒古池⇒黒姫山登山道入口…計8時間5分

アクセス　**公共交通：**往復JR北陸新幹線長野駅（アルピコ交通バス1時間17分、1450円）戸隠キャンプ場　＊バス停から登山口まで徒歩約30分　**マイカー：**上信越道信濃町ICから約15km、約20分。黒姫山登山道入口に約3台分の駐車スペースあり。また、大橋付近に約15台分の駐車スペースがある。

問合せ先　信濃町役場☎026-255-3111、アルピコ交通☎026-227-0404

2万5000分ノ1地形図　高妻山・信濃柏原

飯縄山

1917m

北《ほく》信五岳《しんごがく》の一つに数えられる飯縄《いいづな》山。長野市中心部からの距離が近く、公共交通の便もよいため、家族連れなどでも楽しめる手ごろなハイキングコースである。周辺はスキー場や別荘地、戸隠《とがくし》神社など、リゾート、観光地の雰囲気もあるエリアなので、さまざまな楽しみ方と組み合わせて計画したい。

　そんな手軽なイメージのある飯縄山だが、古くから山岳信仰の山として開かれた霊山であり、忍術修行の地としても知られた山である。周辺の戸隠山や黒姫《くろひめ》山など、同様に北信五岳に数えられる山とともに、信仰、修行、天狗伝説の山として味わい、楽しむのがおすすめだ。登山コースも数多くある山だが、戸隠神社中社《ちゅうしゃ》を起点、終点に、飯縄山と瑪瑙《めのう》山を縦走するコースを紹介する。

　戸隠神社中社から民宿街を抜け、林道をたどる。ちびっこ忍者村を過ぎてしばらく行くと西《にし》登山口に着く。カラマツと広葉樹の雑木林をゆるやかに登って行くと鳥居と祠のある萱《かや》ノ宮《みや》に着く。徐々に傾斜を増す展望のない樹林帯の尾根を行く。標高１５９０ｍを過ぎると展望が開け始め、戸隠山やその背後にそびえる白馬《しろうま》岳などが姿を見せる。やがて開放的な笹原の尾根となり、南登山道と合流する。戸隠山や高妻《たかつま》山、白馬三山に後押しされるように登っていくと、飯縄神社が祭られたピークに着く。さらにここから傾斜の落ちた尾根をたどると飯縄山頂上だ。

　方位盤のある広い頂上からは三六〇度の大パノラマが広がる。ここから北西に延びる尾根をたどる。戸隠山、高妻山、黒姫山など、北信の名山を正面に望む、展望のよい笹原の登山道を大きく下り、瑪瑙山へ向けて登り返す。登り着いたところが瑪瑙山頂上で、戸隠スキー場のゲレンデトップだ。下りはゲレンデ内をたどるが、標識を見落とさないように注意。大きく下った先でゲレンデを離れ、深い森を下る。沢沿いの登山道から再びゲレンデを抜ければ、ほどなく戸隠神社中社に出る。

飯縄山から瑪瑙山へ向かう。背後に戸隠山（左）と高妻山（右）を望む

[Data]

山行適期　5月上旬～11月上旬

参考コースタイム　戸隠中社⇒西登山口⇒萱ノ宮⇒飯縄神社⇒飯縄山⇒瑪瑙山⇒標識⑦⇒標識⑧⇒戸隠中社…計5時間10分

アクセス　**公共交通：**往復JR北陸新幹線長野駅（アルピコ交通バス1時間4分、1250円）戸隠中社　**マイカー：**上信越道信濃町ICから国道18号、県道36号経由で戸隠神社中社まで約19㎞、約30分。マイカーなら西登山口まで入れる。登山口付近に駐車スペースあり。

問合せ先　アルピコ交通長野駅前案内所☎026-227-0404、戸隠観光協会☎026-254-2888

2万5000分ノ1地形図　戸隠・若槻

登山アドバイス

このエリアにはほかにも戸隠山、高妻山、黒姫山などがあり、日数が許せばさらに充実したプランニングが可能。キャンプ場もあるのでベースキャンプ型の登山も楽しめる。登山の起点となる中社の周辺には、戸隠神社の奥社、宝光社、九頭竜社、火乃御子社などが点在し、古くからの山岳信仰、修験の場であったことがうかがえる。飯縄山登山と合わせてぜひ立ち寄りたい。登山口近くには戸隠神告げ温泉もあり、山の汗を流すこともできる。

堂津岳

1927m

堂《どう》津《つ》岳は白馬《はくば》連峰と戸隠《とがくし》山に挟まれた山稜の一角にそびえる山。高妻《たかつま》山・乙妻《おとつま》山から延びる信越県境がここを通り、金《かな》山、雨飾《あまかざり》山へと続く山稜上にある。乙妻《おとづま》山から天狗《てんぐ》原《はら》山（金山のすぐ南の山）にかけては信越県境山稜の中でもいまだ登山道がなく、堂津岳に至る道のみが、近年拓かれたばかりである。

そんな山深い地勢のために、登山口は奥裾花《おくすそばな》自然園《しぜんえん》の一カ所に限られる。せっかく北信の辺境の山辺までアプローチするので、鬼無《きな》里《さ》周辺の一夜《いちや》山や、鬼女紅葉《もみじ》の伝説で知られる荒倉《あらくら》山、さらには戸隠山方面などと合わせてプランニングするのもおもしろい。

山深い奥裾花自然園から中西山登山道へ入る。ブナ林は深く、暗く、標識にはクマよけに鳴らすための鉄パイプが設置されている。山野草が豊富で、初夏にはニリンソウ、サンカヨウ、ツバメオモト、エンレイソウなどが咲く。

急斜面を登りきると稜線に出て、左へ行けば中西《なかにし》山、堂津岳へは右へ進む。ゆるいアップダウンを繰り返し、ブナの尾根をたどると奥《おく》西《にし》山に着く。木立に囲まれて展望のない頂上から、さらに幅広の尾根をたどる。時折樹間から険しい戸隠山西岳と本院《ほんいん》岳、高妻山と乙妻山を望む。

ロープのある滑りやすい急斜面を少し下り、再び尾根に登り返すと、ほどなくヤセ尾根になる。樹林を抜けて広がる展望は、北アルプス・後立山連峰、戸隠山、高妻山などが姿を見せる。すばらしい展望に目を奪われがちだが、岩場混じりのヤセ尾根が続くので、足元に注意して滑落に気をつけること。登るほどにヤブが濃くなるが、踏み跡はしっかりしている。踏み跡から外れないように注意。やがて標石のある堂津岳頂上に着く。ピークからは信越県境稜線の未整備区間越しに連なる、雨飾山、金山、焼山、火打山、妙高山などの眺めがすばらしい。下山は往路を戻るが、時間があれば中西山まで足を延ばそう。頂上手前からははるかにそびえる堂津岳を望める。

中西山付近から望む堂津岳。ここから信越県境稜線が金山、雨飾山へと延びていく

登山アドバイス

バスの便が少ないのでマイカー利用がよい。稜線上は雪渓が遅くまで残るので、時期によっては軽アイゼンなど残雪対策が必要。一部ヤブが濃い箇所もあるので踏み跡を外れないように注意すること。ミズバショウの開花時期の土日、祝日などは、自然園内や駐車場の混雑が予想される。ゆとりをもったプランニングを。観光センター付近にはキャンプ場があるほか、国道406号に鬼無里の湯があり、日帰り入浴や、コテージなどでの宿泊も可能。

[Data]

山行適期　5月上旬〜10月下旬

参考コースタイム　奥裾花観光センター⇒標識30番⇒落合（分岐）⇒奥西山⇒堂津岳⇒奥西山⇒落合⇒中西山⇒落合⇒標識30番⇒奥裾花観光センター…計8時間45分

アクセス　**公共交通：**往復JR北陸新幹線長野駅（アルピコ交通バス1時間55分、2000円）奥裾花自然園入口　＊バスは4月下旬から5月下旬まで季節運行、1日往復1便のみ　**マイカー：**上信越道長野ICから国道406号経由、奥裾花観光センターまで約50km、約2時間。約300台分の駐車場あり。入園料として4月29日〜5月31日は410円、6月1日〜10月31日は200円が必要。

問合せ先　アルピコ交通長野駅前案内所☎026-227-0404、鬼無里観光振興会☎026-256-3188

2万5000分ノ1地形図　雨中

COLUMN 5

山岳信仰

1

1 八海山大倉口の坂本神社から、しばらく登ると出会う磨崖仏は色が塗られている　2 権現岳への途上にある白山権現は、不安定な狭い岩稜上に祠が置かれ、はるか足元には集落を見下ろす

日本の山は、どこも信仰と結びついている。その証拠に、たいがいの頂上にはいつの時代とも知れぬ古い祠が祀られている。登山口にある霊験漂う神社や、道中に出会う石仏なども、やはりかつての信仰の証である。いったい誰が、いつの時代に担ぎ上げたのだろう。やっとたどり着いた頂上で、そんな石仏や祠に迎えられたとき、僕はふとそんなことを思うのだ。

　雨飾《あまかざり》山の頂上に4体の石仏がある。阿弥陀三尊像、大日如来、薬師如来、不動明王だと伝えられている。これらは江戸時代後期に、糸魚川《いといがわ》の僧侶、羅漢《らかん》上人が自ら彫って、担ぎ上げたとされるもの。それらの像は、日本海を、いや足元の糸魚川市を見下ろすように置かれている。羅漢上人は生涯で555体の石仏を彫ったとされるが、その一方で、自らの背後にそびえる雨飾山への畏怖畏敬の念を忘れることなく、その想いを石仏に託して頂上へ安置したのであろう。

2

険しい岩稜が連なる八海山《はっかい》や戸隠山《とがくし》など、いかにも修験の山、というのもある。今でこそ鎖などが整備されてはいるが、修験者たちが行き来した時代は、いったいどんなに厳しいルートだったのだろう。

鎖の脇の岩角が、すでに角を失って、丸みを帯びて光っている。どれほどの人がこの岩をつかみ、命を託してきたことか。かつては修験者、今は登山者が、その目的は変わっても頂上への想いを胸に、この岩角をつかんできた。はるかいにしえの修験者の緊張や熱意、信仰心を、そのすり減った岩角から感じることはできるだろうか。彼らが抱いた山や自然に対する畏怖畏敬の念を、僕は今こうして山に登りながら感じることができるだろうか。

山岳信仰は日本人らしい自然崇拝の表われだと思う。山や木や岩に、何か霊的な力を感じて、それを畏れ敬う。僕が山に登り続けてきた理由も、もしかしたら、自然崇拝という強い信仰心があったから、なのかもしれない。

妙高山〜火打山

2454m/2462m

豪と柔、対照的な山容をもつ
二つの豪雪の山々を訪ねる

北面から見る冬の火打山。日本海からダイレクトに吹き付ける季節風が多量の雪をもたらす

天狗ノ庭から火打山へと向かう稜線で、妙高山を振り返る。ミヤマシシウドが夏の日差しに輝いていた

雪解けとともにそこかしこで花開くハクサンコザクラ。長助池や天狗ノ庭などではみごとな大群落に出会える

初夏の湿原で、透き通るような花びらをつけたイワイチョウ

天狗ノ庭や高谷池付近には、さまざまな形の池塘が点在する湿原が広がる。付近は季節ごとの花も豊富だ

対照的な二つの山の連なりがある。一つは、荒々しく、複雑に、城壁に守られるようにそそり立つ山。もう一つは、柔らかく、たおやかに、潤いのなかに広がるようにそびえている山である。男性的な妙《みょう》高《こう》山と、女性的な火打《ひうち》山。剛と柔を象徴するかのような二つの山々が、今回の主人公だ。日本海までの距離、およそ20㎞。標高2400mを超えて冬の季節風をまともに受ける山稜は、言わずもがな、「超」豪雪の山である。

　仏教で世界の中心を指す須弥山《しゅみせん》の別名である「妙高」の名をもつ妙高山は、その名からも知れるように古くからの信仰の山である。頂稜に点在する象徴的な溶岩舞台は、格好の修験の道場であったことをうかがわせる。また、成層火山のこの山は、越後富士の異名をもつ。赤倉《あかくら》山、三田原《みたはら》山、神奈《かんな》山などの外輪山に囲われた内側に、ドーム状の中央火口丘を抱く山容は、堂々といかつく、そして美しい。

　いっぽうの火打山。たおやかに丸みを帯びた稜線を、天狗の庭の池塘に映して登山者を誘う。広大な高層湿原を抱え、季節を彩る高山植物の宝庫である。山容が火打石に似ていることが名前の由来といわれるが、妙高山と焼山という二つの火山に挟まれた存在そのものが、火付け役とでも呼ぶべき「火打石」なのだと思う。

　笹《ささ》ヶ峰からたどるブナの森は、いつの季節もすてきだ。雪解け水をたっぷりと吸った新緑。夏の太陽と高原の寒気にさらされて色づいた黄葉。点在する巨木を縫って木道が続く。深い森から高山へと至る山歩きは、単に変化があるばかりでなく、その山のもつさまざまな魅力を常に感じさせてくれるおもしろさがある。ことに火山と豪雪という変化の激しい自然の組み合わせは、よりいっそう多様な山の表情をつくり出して、登りのつらさを忘れさせてくれるのだ。

　黒沢《くろさわ》を渡って、十二曲りの急登。さらに単調なつらい登りを耐えて富士《ふじ》見平《みだいら》に着く。6月に入っても、この辺りの登山道はまだまだ雪の下だ。ダケカンバの新緑の先に、残雪のまだら模様を見せる火打山が顔をのぞかせている。

　ある年の梅雨の晴れ間、黒沢池を通って妙高山をめざした。池近くの草原は紫色のハクサンコザクラに覆われ、たどる木道脇にはチングルマやワタスゲが群落となって風に揺れていた。

小屋開け準備中の黒沢池ヒュッテに断ってテントを張らせてもらい、軽装で頂上へ向かう。外輪山の一角、大倉乗越《おおくらのっこし》から対峙する妙高山の中央火口丘は、まるで新緑の波に洗われる大入道のよう。堂々と頭を持ち上げてこちらを見下ろしているようで、なんだか怖い。足元に箱庭のような長助池《ちょうすけいけ》を見下ろしつつ、急斜面の残雪をトラバースして、頂上への急登にかかる。登り着いた溶岩帯の山頂からは、200㎞あまりの距離を隔てて雲間に浮かぶ富士山を見つけた。日本海から太平洋へ、ほぼ列島を横断して望む大展望であった。

翌日、茶臼山《ちゃうす》を越えて火打山へ向かった。振り返り見る黒沢池は毛細血管のように細かな池塘を集めて、水多き季節らしい複雑な模様を描いている。雪解けが進む登山道は花の宝庫だ。サンカヨウやショウジョウバカマ、コイワカガミにミツバオウレン。キヌガサソウ、イワイチョウ、コバイケイソウ、ハクサンコザクラ……。

天狗の庭は霧に煙っていた。池塘と山腹の新緑が白く霞み、めざす火打山は流れる霧の向こうに、その均整のとれた美しい姿を見え隠れさせている。ここへ僕は、季節を変えて幾度もやってきた。コントラストの強い日差しに照らされた盛夏の記憶。斜光線に射抜かれて輝く、秋の山肌と水面の記憶。残雪の、たっぷりとした雪が辺り一面を覆って、スキーを履いて自由自在に行き来した春の記憶。そして今、柔らかく包む霧が、火打山らしい優しい時間を生み出して、新しい記憶がまた一つ生まれていく。

露に覆われた草花の間を縫うようにして頂上へ向かう。曇天の光は優しく、いかつい入道頭を見せる妙高山ですら丸く、和らいだ雰囲気に変えてしまった。対照的な二山と思っていたものの、実のところどちらも、どっしりとおおらかで、厳しくも優しい山々なのかもしれない。

慈愛に満ちた父と母。剛と柔を併せもつ、妙高山と火打山に幾度か通ううちに感じるようになったのは、そんな想いである。

1

妙高山〜火打山 登山アドバイス

残雪、新緑、高山植物、紅葉など、四季を通じて楽しめるエリアである。6月上旬ごろから花の時期が始まるが、残雪対策が必要。特に富士見平から先はトラバースなどもあり、ルートファインディングに集中し、滑落しないよう気をつけたい。残雪状況によっては、稜線上ではピッケル、アイゼンが必要。7月上旬ごろまでは、大倉乗越から長助池への分岐にかけて急な雪渓が現われる。硬い残雪のトラバースなのでアイゼンは必携だ。黒沢池、高谷池ヒュッテとともにテント泊が可能。

[Data]

山行適期　6月上旬〜10月下旬

参考コースタイム

1日目　笹ヶ峰⇒黒沢⇒十二曲り12分の12⇒富士見平⇒黒沢池ヒュッテ⇒妙高山⇒黒沢池ヒュッテ…計7時間5分

2日目　黒沢池ヒュッテ⇒高谷池ヒュッテ⇒火打山⇒高谷池ヒュッテ⇒富士見平⇒十二曲り12分の12⇒黒沢⇒笹ヶ峰…計6時間5分

アクセス　**公共交通：**往復 しなの鉄道北しなの線妙高高原駅（頸南バス50分、1000円）笹ヶ峰　**マイカー：**上信越道妙高高原ICから県道39号を経て笹ヶ峰まで約17㎞、約40分。登山口、および笹ヶ峰キャンプ場付近にそれぞれ無料駐車場あり。

問合せ先　妙高市役所☎0255-72-5111、黒沢池ヒュッテ☎0255-86-5333（ナガサキロッヂ内）、頸南バス☎0255-72-3139

2万5000分ノ1地形図　妙高山・湯川内

1 大倉乗越付近から望む、妙高山の中央火口丘。まるで海坊主のよう　2 妙高山から見下ろす、山麓の秋　3 高谷池から火打山をめざす。妙高山の左肩から昇った秋の朝日が、大気を黄金色に染める

2

3

焼山を後に、どっしりと大きな金山をめざす。北アルプスにも劣らぬ縦走路だ

妙高山〜火打山〜雨飾山縦走

焼山、金山を越えて、多様性に溢れた縦走路を行く

2454m/
2462m/
1963m

信越県境付近に連なる、個性的な妙高《みょうこう》山、火打《ひうち》山、雨飾《あまかざり》山は、いずれも日本百名山に数えられる山々。途中に焼《やけ》山と金《かな》山を加えた本コースは、北アルプス稜線に勝るとも劣らぬ、変化溢れる好縦走ルートである。湿原と火山、標高2400mを超えて連なる山稜。日本海を間近に望む、深いブナ林に覆われた豪雪地帯の山。そんな多様性に溢れた縦走路を楽しみたい。

前半の妙高・火打山エリアと後半の雨飾山エリアは、登山道の整備も行き届き、日帰り登山も可能なため人気が高い。しかし、焼山から金山を経て、雨飾山へ向かう山稜は、ぐっと登山者も少なくなり、踏み跡が不明瞭な箇所もあるので、初心者向けとは言い難い。避難小屋も途中の泊岩《とまりいわ》にあるのみで、しかも時期によっては相応の水を担いで行動しなければならず、それなりの覚悟が必要だ。ゆえに単なる百名山巡りに終わらない、充実した縦走が楽しめる。なお、泊岩から笹倉温泉、金山から小谷温泉へ下山可能。どちらも5時間ほどの行程だ。

高谷池《こうやいけ》方面から火打山、影火打山を越えるとヤセ尾根の急下降が始まる。最低鞍部までは転げ落ちそうな下りが続くので滑落に注意。焼山への登りはヤブの踏み跡をたどる急登だ。背後に高妻《たかつま》山や戸隠山を望みながら行くと、噴煙を上げる焼山の山頂部に着く。日本海を間近に望む溶岩帯の山頂稜線からは傾斜の強い岩場をロープに従って下り、カール状の草原を行く。ルートが不明瞭な箇所があるので注意。さらに不安定なガレ場を下り続けると、岩屋をトタンで囲った泊岩の避難小屋に着く。

翌日は心地よい尾根から裏金山の山頂部を巻き、さらに金山へ登る。ここから雨飾山の笹《ささ》平《だいら》まではブナ帯のヤブ尾根が続く。踏み跡は明瞭なので迷いやすい箇所はないものの、アップダウンが多く、体力的にきつい尾根だ。

水場のある鋸《のこぎり》岳との分岐を過ぎると急登となり、背後にはたどって来た尾根と、金山や焼山の稜線を望む。ほどなく笹平へ着く。

（火打山まではP180、笹平からはP192参照）

笹平の手前で、金山からたどってきたシゲクラ尾根を振り返る

[Data]

山行適期　6月中旬～10月下旬

参考コースタイム

1日目　笹ヶ峰⇒黒沢⇒十二曲り12分の12⇒富士見平⇒黒沢池ヒュッテ⇒妙高山⇒黒沢池ヒュッテ…計7時間5分

2日目　黒沢池ヒュッテ⇒高谷池ヒュッテ⇒火打山⇒焼山⇒泊岩…計6時間40分

3日目　泊岩⇒金山⇒笹平⇒雨飾山⇒笹平⇒荒菅沢⇒ブナ平⇒2／11の標識⇒雨飾高原キャンプ⇒小谷温泉山田旅館前…計9時間50分

アクセス　往路 しなの鉄道北しなの線妙高高原駅（頸南バス50分、1000円）笹ヶ峰　復路 小谷温泉山田旅館前（小谷村営バス35分、780円）JR大糸線南小谷駅　＊回収が難しいためマイカー利用は不適

問合せ先　妙高市役所☎0255-72-5111、黒沢池ヒュッテ☎0255-86-5333（ナガサキロッヂ内）、小谷村役場観光振興課観光商工係☎0261-82-2585、頸南バス☎0255-72-3139、アルピコ交通（小谷村営バス）☎0261-72-3155

2万5000分ノ1地形図　妙高山・湯川内・雨飾山

妙高山～火打山～雨飾山縦走 登山アドバイス

2018年11月に入山規制が解除された焼山だが、入山の際には条例により義務づけられている登山届の提出や、火山活動の情報収集などを忘れずに。焼山前後は登山道が不明瞭な箇所があり、脆い火山岩を伝うルートなので充分注意。泊岩付近の水場は時期によっては涸れるので、場合によっては充分な水を用意して臨むこと。火打山以降、笹平へかけては登山者が少なく、アップダウンが多い。上級登山者向けのコースである。

雨飾山

1963m

輝く残雪と岩峰群に飾られた、雨乞い祈願の山を訪ねる

威圧的にそびえる布団菱岩峰群・中央岩峰を荒菅沢から望む

豊富な雪を残す荒菅沢を渡る登山者。まるで小さなアリのように続く

石仏が並ぶ雨飾山の頂上。姫川を挟んで白馬北方稜線が連なる

1 上部から見下ろす布団菱の岩壁。雪崩で磨かれたスラブが目を引く　2 道中目を楽しませてくれたシラネアオイ。初夏の雨飾山では随所で出会える

沢

沿いの登山口から湿った急登をたどると、ほどなく残雪と新緑の森に出た。ブナ平だ。雪に閉ざされた冬の暮らしが続き、しばらく目にすることがなかった淡い緑がまぶしい。いったいこの森は、冬の間にどのくらいの雪を蓄えていたのだろう。空を覆う大きなブナの根元には、春の訪れを告げる、これまた大きな根開けの穴が開いている。木々の間から見透かす対岸の峰々は、白と緑のまだら模様を山腹に広げて、混在する季節を着飾っていた。

雨飾山《あまかざり》にやってきた。実は少し前にスキー中に滑落、ケガをして、大切な季節を棒に振ってしまった。でもやっと悶々とした日々に別れを告げて、今日また山に向かうのだ。

「雨飾山」というのは、雨を飾る山、あるいは雨に飾られる山、という意味だろうか。雨乞い祈願の山、というのがその名の由来といわれているが、いつも雨に見舞われる山だから、という説もあるらしい。実際、日本海間近にそびえる山塊は気象変化が激しく、雨とは縁深い山に違いない。かつては「天鋍」の字があてられたこともあったと聞く。これだと「天」の「飾り物」ということか。特徴的な布団菱《ふとんびし》の岩峰群を指しての呼び名だったのかもしれない。「雨」にせよ「天」にせよ、それを「飾る山」だなんて、なんともすてきな名前だと思わずにいられない。

ブナ平を後に、木々を縫うようにして雪の登路をたどる。雨飾山から延びる南尾根の支稜に上がると、新緑の波間の向こうに、ドーム状の頂上をいからせた高妻山《たかつま》が姿を見せた。

ルートはここから荒菅沢《あらすげ》に向かって大きく下る。豊富な残雪に覆われた沢をトラバースする登山者が、まるで小さなアリのように続く。傾斜の強い斜面が、いまだケガが完治していない体には少し怖く感じられる。思いのほか硬い残雪が、情けない滑落の記憶を呼び覚ます。とはいえ、明るい沢中には悲壮感はない。豊富な残雪と、山肌を這い上がる新緑。すべてが明るい陽光に輝いている。沢の奥に目をやると、鋭く屹立する岩が目についた。布団菱岩峰群の一角、P1中央岩峰だ。雪とヤブと岩が構成する登山の世界に思いが広がる。いや、むしろ妄想と言うべきか。あのヤブ尾根を伝って、あの雪のルンゼをたどって、あの岩肌を攀じって。スケールは小さいけれど、さまざまな要素が混在するこんな山の風景が、僕は大好きだ。

可憐な花を咲かせるハクサンイチゲ。雪解けの草原に大規模な群落で広がる

残雪の谷歩きを終えるとヤブ尾根の急登だ。焼《やけ》山や金《かな》山、高妻山、遠く戸隠《とがくし》山が背後に波打つ。登山道脇にはオオバキスミレやシラネアオイなどが咲き、急登のつらさを忘れさせてくれる。

やがて笹平《ささだいら》。ここで信越の国境稜線に出る。シゲクラ尾根を経て火打《ひうち》山、妙高《みょうこう》山へと続く連なりは魅力的な縦走路だが、焼山の火山活動により立ち入り規制が敷かれ、たどることができない時期もあった。また、金山から高妻山へと続く国境稜線にはいまだ登山道はなく、それゆえになんとも惹かれる山稜だ。正面には雨飾山。山頂は南北二つのピークからなるが、両ピークの距離が近く標高差も小さいため、双児峰というよりもどっかりと迫力のあるドームに見える。そして何より目を引くのは、駒《こま》ヶ岳や鬼《おに》ヶ面《つら》山、烏帽子《えぼし》岳など奇怪な山容を見せる海《うみ》谷《たに》山塊だ。スケールこそ小さいが、やはりそこは岩と雪と、沢とヤブが招くワンダーランドである。

さて、いよいよめざす雨飾山へ最後の登りにかかった。深田久弥は『日本百名山』の中で、この雨飾山を「久恋の山」だと語る。久弥は三度目の挑戦で、道なき荒菅沢から頂上に立ったのであった。なら自分にとってはどうか。春先にぶざまなケガをして、でも再び頂に立てるうれしさや、登山の楽しさを、今実感している。そんな想いそのものが、僕の雨飾山である。

1

雨飾山 登山アドバイス

荒菅沢は急斜面の雪渓をトラバースする。スリップしないよう慎重に通過すること。落石にも要注意。前泊するなら小谷温泉内の宿泊施設や、雨飾高原キャンプ場の利用がおすすめだ。また、新潟県側の雨飾温泉に下山することも可能。その場合、下山後に雨飾温泉に宿泊し、糸魚川方面に下る。雨飾温泉から糸魚川駅行きのバス停までは徒歩約2時間。

2

[Data]

山行適期 6月上旬〜10月下旬

参考コースタイム 雨飾高原キャンプ場⇒ブナ平⇒荒菅沢⇒笹平⇒雨飾山⇒笹平⇒荒菅沢⇒ブナ平⇒雨飾高原キャンプ場…計7時間5分

アクセス **公共交通：**往復JR大糸線南小谷駅（小谷村営バス35分、780円）小谷温泉山田旅館前下車、雨飾高原キャンプ場まで徒歩約1時間

マイカー：長野道安曇野ICから国道147号、148号、県道114号経由で雨飾高原キャンプ場まで約80km、約1時間30分。または北陸道糸魚川ICから国道148号、県道114号経由で約46km、約50分。無料駐車場あり。

問合せ先 小谷村観光振興課（村営バス、周辺情報）☎0261-82-2585

2万5000分ノ1地形図 雨飾山

1 緑と白のまだら模様を見せる金山と、その背後から頂上を覗かせる焼山　2 新緑の梢の向こうには高妻山がひときわ目立つ頂上ドームを見せてそびえる　3 足元の残雪と頭上の新緑が美しいブナ平を行く

雨飾温泉～雨飾山

1963m

雨《あま》飾《かざり》山北面の、新潟県側から登るルートを紹介する。戦前、戦後に、冠松次郎《かんむりまつじろう》や深田久弥《ふかだきゅうや》がたどったのは長野県側の小谷《おたり》温泉から荒菅沢《あらすげ》を遡るルートだったが、新潟県側の梶山新湯（現在の雨飾温泉）から登るルートは、かなり以前から存在していたとされる。久弥は最初に雨飾山に臨むのに、梶山新湯からルートを探ったものの、見つけられずに敗退している。しかし、3度目の挑戦で雨飾山の頂に立った際、新潟県側からの登山道がすでに造られてあったと記している。どうやら一部の地元民にのみ知られた道があったと思われるが、江戸時代に頂上まで石仏を担ぎ上げた羅漢上人も、この新潟県側からのルートを登ったものであろう。

取付からブナ林の急登を行く。ほどなく尾根に出るが、相変わらず急登だ。ロープとハシゴの登りを越えた1370m付近に、休憩によい小広場「一ぷく処」がある。この先に尾根の西側が切れ落ちた崩壊地があるので通過に注意。日本海や駒ヶ岳方面の展望がよい。

やがて尾根を離れ、北側山腹を巻くように進む。池塘のある中の池を過ぎると、主稜線へ向けて再び急登となる。滑りやすい登りが続くので足元に注意。これを登り切ると笹平からのルートと合流し、岩場交じりの急登を、雨飾山頂上へ向かう。

秘湯「都忘れの湯」で知られる、深山の一軒宿、雨飾山荘

稜線に出ると笹平から続くルートと合流し、頂上へ向けて最後の登りにかかる

登山アドバイス

公共交通機関の便があまりよくないのでマイカー利用がおすすめ。せっかく糸魚川まで来るのだから、駒ヶ岳などの海谷山塊の山と合わせて計画するといいだろう。雨飾山荘は深山の一軒宿で、秘湯の一夜を楽しむのもおすすめだが、登山口付近にはキャンプ場もあるのでここをベースに駒ヶ岳や鋸岳に挑戦してみるのもおもしろい。ルートは主に北側斜面をたどるので、秋に計画する場合は冷え込み、凍結などに要注意。

[Data]

山行適期　6月中旬～10月下旬

参考コースタイム　雨飾山荘⇒尾根上⇒一ぷく処⇒中の池⇒雨飾山⇒中の池⇒一ぷく処⇒尾根上⇒雨飾山荘…計6時間10分

アクセス　**公共交通：**往復JR北陸新幹線糸魚川駅（糸魚川バス45分、690円）山寺上入口下車、雨飾山荘まで徒歩2時間20分　＊季節・曜日限定で、糸魚川駅から雨飾山荘までの直行乗合タクシーもある。要予約（糸魚川タクシー☎025-552-0818）。**マイカー：**北陸道糸魚川ICから国道148号、県道221号経由で雨飾山荘まで約20㎞、約50分。無料駐車場あり。

問合せ先　糸魚川市役所☎025-552-1511、糸魚川バス☎025-552-0180

2万5000分ノ1地形図　雨飾山・越後大野

雨飾山から望む「異形」の
海谷山塊。左から駒ヶ岳、
鬼ヶ面山、鋸岳。その背後
には阿彌陀岳がそびえる

海谷駒ヶ岳

1487m

海谷山塊の異形の山々。
ブナ林と険阻な岩場を巡る

晩秋の山腹に点在するダケカンバ。葉を落とし、もうそこまで来ている雪の日に備えている

かつて広大な「ウミ」があったと伝えられる海谷渓谷。たおやかな流れと広い河原、紅葉と険しい山稜に囲まれた隔絶の地である

異

形の山、というのは少しおかしな表現だろうか。しかしその山稜は、いびつに荒々しく重なりあい、不均整に片寄って連なっている。いわゆる秀麗さ、というのとは明らかに違う「異形」の峰々。峻険にして、しかし不格好である。

駒《こま》ヶ岳、鬼《おに》ヶ面《つら》山、鋸《のこぎり》岳、阿彌陀《あみだ》岳、鉢《はち》山、昼闇《ひるくら》山など、いずれも１５００ｍから１８００ｍ前後の、小さいが、個性的な山々の連なりがある。日本海に臨む、新潟県糸魚川市の南方にそびえる海谷《うみたに》山塊である。火打《ひうち》山から雨飾《あまかざり》山へと続く長野・新潟県境の、焼《やけ》山、金《かな》山付近を源とする海《うみ》川は、いびつなこの山稜に挟まれるようにして日本海へと注ぐ。かつて海川は大規模な山崩れによって川が堰止められ、山中に「ウミ」と呼ばれる湖がつくられたという。これが「海谷」の名前の由来。現在「ウミ」は堆積物によって埋まり、広大な河原にその痕跡を見ることができる。日本海にほど近い、異形の峰の集合体。それが、海谷山塊である。

海谷三峡パークを後に、登山道をたどる。めざす駒ヶ岳は、全国数多い駒ヶ岳のなかでも異彩を放つ存在であろう。目を引くのはその形だ。ゴロッとした巨大な岩の塊。いまだ磨かれていない原石のように鈍く輝いて、鋭利さとは違う険しさをもってそびえている。糸魚川の町外れからでも、雨飾山の稜線からでも、どこか不安定で無骨なその姿はいやでも目につく。鈍器のような重厚な荒々しさをもって、見る者を惹きつける。まさに「異形」である。

急登だ。壁の弱点を縫ってたどるルートは、ハシゴやロープに導かれながら、ひたすら高度を稼ぐ。山体の中腹部をぐるりと巡る岩壁帯に守られて、とても登山道などないように見えるのに、ちゃんとルートが作られている。木の根をつかむようなつらい登りにいい加減うんざりし始めたころ、やっとどうにか傾斜が落ちて、美しい秋色のブナ林へと入った。

険しい急登から傾斜の緩いブナ林への、劇的な変化に戸惑う。しかし、この変化こそが、駒ヶ岳の山容を「異形」に見せる要因の一つであろう。極端な緩急が、ほかの山にはない異質な雰囲気を醸し出しているに違いない。

登り着いた頂上から、雲の合間に白馬岳《しろうま》を望む。海川を挟んでそびえる「異形」の山は、険しい頂稜をいからせる阿彌陀岳だ。

さて、鬼ヶ面山へ向かおう。たどる西海谷山稜は、細く急峻な稜線に続く、険しいルートだ。特に駒ヶ岳東峰から鬼ヶ面山への鞍部へ下る岩場がわるい。鎖とロープのある垂直に近い岩場は高度感もあり、緊張を強いられる。足元を彩る晩秋の紅葉が、ガスに煙ってなんだか物悲しく、ルートの険しさを一層強く感じさせる。

このキレットを越えて大きなブナのある尾根を行く。岩とブナ。険しさと優しさというような対照的な緩急が、この「異形」の山稜には欠かせないようだ。やがて鬼の住み処のような鬼ヶ面山の南側を巻いて通過して、ヤブにつかまりながら稜線を下っていく。

海谷、と書かれた小さな標識から稜線を離れ、ブナ林の滑りやすい急斜面を下る。この先稜線は鋸岳を経て雨飾山へと続くが、それはまたの機会に取っておこう。落ち葉が敷き詰められた登山道はこの上なく滑りやすく、うんざりするような下りが続く。そうしてやっとの思いで海川の河原へとたどり着いた。

なるほどここが「ウミ」の跡かと見回しても、ただ傾斜の緩い川の流れと広い河原が続くのみだ。ここから浅い流れを探して幾度も徒渉を繰り返しながら、取水口、通称732高地へ向かう。両岸は高く険しい山稜に挟まれて、なんだか自分一人がこの世界に取り残されたかのような隔絶の想いがする。紅葉と岩壁、「異形」の峰を形成する岩尾根、緩やかに流れる海川と広大な河原。一人、そんな世界に包まれながら、晩秋の時がゆっくりと過ぎていく。

海谷山塊は、標高はもちろんのこと、山域としても決して大きなものではない。海辺の、低く小さな山塊にすぎない。なのに、ほかでは類を見ない「異形」の山と、隔絶感のある谷をもつ。その峰々のほとんどには、いまだ登山道がなく、雪や沢に登路を求めるしかない。まるで小さな宝石のような山塊。僕にはそんな宝物のように思えて仕方がないのだ。

海川右岸にそびえる千丈ヶ岳を見上げる。海谷の秋を象徴するかのように岩壁を紅葉が這いつたう

海谷駒ヶ岳 登山アドバイス

駒ヶ岳から先の稜線は、細く急峻なアップダウンが続く。特に鬼ヶ面山との鞍部へは、鎖に頼って急な岩場を下る箇所があるので、滑落に注意したい。岩場などの登下降に不慣れな登山者は立ち入るべきではない。逆回りで鬼ヶ面山から駒ヶ岳に向かうほうが、技術的には多少やさしくなる。行動時間が長いので、体力も必要。また、海谷渓谷では沢の徒渉を繰り返す。極端な急流や深みはないものの、ルートファインディングに気をつけたい。

[Data]

山行適期　6月中旬～10月下旬

参考コースタイム　駒ヶ岳登山口⇒ハシゴのある急登⇒ブナの泉⇒駒ヶ岳⇒鎖のある急な岩壁⇒海谷・鋸岳分岐⇒海谷渓谷⇒取水口管理小屋⇒駒ヶ岳登山口…計8時間40分

アクセス　**公共交通：**往復JR北陸新幹線糸魚川駅（タクシー約30分、約6000円）海谷三峡パーク　**マイカー：**北陸道糸魚川IC下車、国道148号、県道225号、県道221号経由で約20㎞、約30分。無料駐車場（約30台）あり。

問合せ先　糸魚川市役所☎025-552-1511、西海地区公民館☎025-552-0268（海谷三峡パーク）、糸魚川タクシー☎025-552-0818

2万5000分ノ1地形図　越後大野

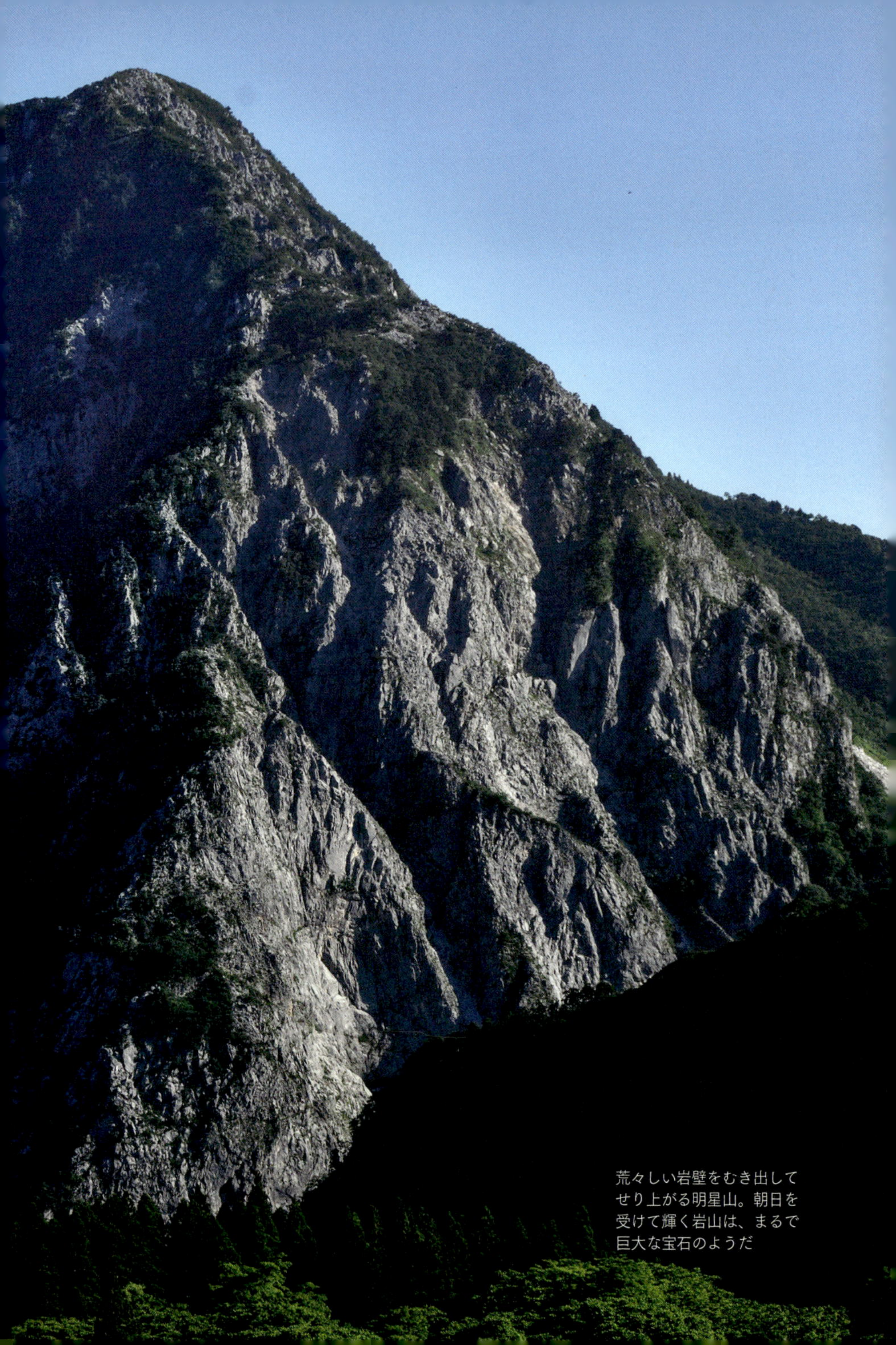

荒々しい岩壁をむき出して
せり上がる明星山。朝日を
受けて輝く岩山は、まるで
巨大な宝石のようだ

明星山

1189m

「宝石」の原石を思わせる、
日本海を見下ろす岩山の頂へ

1 明星山は栂海新道の犬ヶ岳から延びる尾根上にある。小さな山だけれど、大いなる北アルプスの一角を担う　2 見上げる新緑のブナ林は、若い葉を射抜く日差しに満ち溢れ、光り輝いている

ピンクの花を咲かせるイカリソウ。ヤブが茂る山道に花の季節がやってきた

まるで巨大な宝石のように見えた。むき出しの岩壁。照り輝く岩肌。そこだけ異空間のように森から突出した大きな岩塊に惹きつけられる。宝石といっても、ごろっとした岩山はシャープに研ぎすまされた宝石というより、荒削りなダイヤモンドの原石とでも呼ぶほうがふさわしい。いまだ磨かれていない大岩。日本海から姫《ひめ》川を遡るうちに見えてきたのは、そんな岩山だった。

明星《みょうじょう》山だ。地元や、一部の登山者（というかクライマー）の間では「みょうじさん」と呼ばれている。かつて明神《みょうじん》岳とか名字《みょうじ》ヶ岳とか呼ばれていたことが、この呼び名に残っているらしい。この「宝石」は、白馬北方稜線の栂海《つがみ》新道・犬《いぬ》ヶ岳から派生する尾根上にある。日本海までは至近の距離。標高１２００ｍにも及ばぬ低山であるが、この山の名を広く知らしめているのは岩場の存在である。特に高距５００ｍを超えるＰ６南壁は明星山を代表する岩場である。クライマーにとってはまさに「宝石」的存在として人気が高い。だからといって、この山をクライマーだけの「宝石」にしておくのはもったいない。雨飾《あまかざり》山の頂から、あるいは国道１４８号を日本海へ抜ける途上から、僕は幾度となくこの岩壁を眺めてきた。遠方の小さな山だったけれど、絶海の孤島に憧れるように、いつか登ってみたいと思う山だったのだ。

小滝川を渡った所が取付だ。そういえば、ここはヒスイの産地としても知られている。１９３８年に日本で最初にヒスイが発見されたのが、ここ小滝川だという。正真正銘「宝石」の山なのだ。薄暗い森を覆うのはクルミやスギ。春を迎えて行動範囲を広げているであろうツキノワグマが顔を出しても不思議ではない雰囲気。低山なのに、山の深さを感じずにはいられない。

森を抜けると、屏風のように連なる岩壁帯の基部を行く。幾本ものルンゼが刻まれた西壁だ。威圧的なオーバーハングや、水流や雪崩に磨かれた傾斜の強いスラブに圧倒される。よく見ると残置支点などがあり、そこが登攀ルートと知れるが、スケールが大きいため目でルートを追うのは難しい。一見硬そうに見える岩壁も、石灰岩質のために脆い箇所が多いのだという。

岩壁を見上げながら行くうちに、急な雪渓に出た。冬の最後の名残のような残雪は、6月の半ばを過ぎた、海辺に近い標高600mほどの場所にあるにもかかわらず、雪というより氷のような硬さだ。これはただの残雪ではない。岩壁に刻み込まれた大きな凹角を伝って落ちた、大量の雪崩の痕跡にほかならない。いわば、冬中の降雪の集合体。小さな低山というスケール感を超えて、岩や雪が自然の驚異を語ってくれているようでうれしくなる。

やがて壁際を離れ、サカサ沢に沿ってぬかるんだ登山道をたどり始める。小さな水流と、まぶしい緑。先ほどまでの無機質な岩壁の存在が嘘のような、生命感にあふれた沢筋を行く。さらに、深く包み込むようなブナ林へと続く。なんという劇的な変化だろう。まったく別の山に来たかのような錯覚すら感じてしまう。朝、車道から眺めて来た「宝石」は、ここへ来てまったく違う輝きを見せてくれたのだった。

そうして思い当たるのは、日本海沿いに点在する、個性あふれる山々の存在だ。独立峰のようにそびえる鉾《ほこ》ヶ岳・権現《ごんげん》岳。異形の山・駒《こま》ヶ岳や鬼《おに》ヶ面《つら》山を有する頸城《くびき》山塊。そしてこの姫川左岸にそびえる明星山。小さくも魅力的な山々が、この海岸線にかくも集ったことか。

いよいよ頂上へ向けて最後の登りにかかる。このルートは険しい岩壁を避け、南面から北面へと大きく回り込むように登っていく。それだけに変化のある登山が楽しめるわけだが、本格的な登りは最後の最後にやってくる。灌木帯に岩が点在する急な尾根は、低山ハイクなどと呑気なことを言っていられるようなものではない。ロープや鎖、木の根をつかみ、ただひたすら「宝石」の頂点をめざす。後押ししてくれるのは背後の日本海だ。潮風が、まぎれもなく海から吹き寄せる風が、僕の背中を押してくれる。

そして、残雪の白馬北方稜線が頂上で迎えてくれた。足元から尾根が、北アルプスの大いなる峰々へと続いている。そんな風景を眺めると、まるで今やっと、見果てぬ山旅のスタート地点に立ったかのような気がしたのだった。

屏風のような岩壁に沿って森が波打つ。新緑と冬の名残の雪渓が、光と影のコントラストを際立たせていた

明星山 登山アドバイス

岩壁基部には6月中でも雪渓が残ることがある。傾斜が強く、硬い残雪のトラバースとなる箇所もあるので、慎重に通過すること。時期によってはアイゼンを携行することが望ましい。沢筋の前後など、ルートがわかりにくいところがある。ロープや踏み跡などを見落とさないように注意したい。車道沿いにあるヒスイ峡展望台や高浪の池展望台からは、豪快な岩壁をあらわにした明星山を眺めることができる。登山の前後にぜひ立ち寄りたい。

[Data]

山行適期　5月下旬～11月上旬

参考コースタイム　明星山登山口⇒杉林の林縁⇒サカサ沢⇒園部・ヒスイ峡分岐⇒岡分岐⇒明星山⇒展望台⇒明星山⇒岡分岐⇒園部・ヒスイ峡分岐⇒サカサ沢⇒杉林の林縁⇒明星山登山口…計6時間5分

アクセス　**公共交通：**往復JR大糸線小滝駅から徒歩約1時間。**マイカー：**北陸道糸魚川ICから国道148号、県道483号、市道平山線、林道高浪線経由で登山口手前の駐車場まで約25km、約1時間。約15台分の駐車スペースあり。明星山登山口まで徒歩5分。

問合せ先　糸魚川市交流観光課 ☎025-552-1511

2万5000分ノ1地形図　小滝

権現岳〜鉾ヶ岳

急峻な岩尾根を連ねた、波打ち際の山塊へ

1104m/1316m

鉾ヶ岳の下りから金冠山を眺める。大沢岳から分岐して、溝尾コース上にある岩峰だ

いつもそうだけれど、同じ山でも雪の時期とヤブの時期とでは、登ったときの印象がまったく違う。2度目なのに、まるで初対面の山のように感じてしまう。この鉾《ほこ》ヶ岳はその印象がなおさら強い。初めてこの山に登った5年前の3月、僕は稜線の雪庇を踏んで滑落、遭難した。でもヤブに覆われた今、稜線に張り出していた雪庇や、雪崩に怯えた谷底の思い出は、まったく別の山での出来事のように思えるのだ。

日本海からわずか10㎞にも満たない距離にそびえる鉾ヶ岳・権現《ごんげん》岳。冬の季節風をまともに受ける波打ち際の山塊だ。南へ続く稜線をたどれば火打《ひうち》山の連なりへと続くが、独立峰と捉えるほうが至極自然な見方だろう。約100万年前にマグマが固まってできたという荒々しい山容は、里から眺めても強い存在感にあふれ、身近な信仰の山としても古くから崇められてきた。朝に夕に、麓からこの山々を眺め暮らす生活を思い描きながら、僕は山へ向かう道をたどった。

まるでテーマパークのような山だ。ロープ、鎖、またロープ。ひたすら急峻な岩尾根が続く。しかし、そんなことで驚くのはまだ早い。「胎内洞」でルートは岩の隙間に消える。ロープと赤ペンキに沿ってたどる洞の中は、わずかに差し込む光のおかげで真っ暗闇ではないけれど、正直言って薄気味悪い。よくもまあ、こんなところにルートを作ったものだ……。しかし驚きは続く。崖っぷちから張り出した、なんとも怪しい枯れ木が立つ「天狗屋敷」。すっぽりと体が挟み込まれて、通り抜けるのも困難な「はさみ岩」など、なんとも言い得て妙な地名が続く。きっと、地元では折にふれてこの山に登り、神を祭り、奇異な地形に名前をつけて、崇め親しんできたのだろう。この山が土地の人たちから大切にされてきた証を見たようで、うれしくなった。

ぽっかりとヤブの切り開きのような権現岳頂上。濃い緑のトッケ峰と鉾ヶ岳が見えた。

トッケ峰から南へ続く尾根が、5年前に僕が滑落した場所だ。覗く谷筋はヤブの崖沢で、どう考えても人が落ちてタダですむ場所ではない。

左手から早川、右手から能生川が日本海に注ぐ。足元から続く最後の丘陵が、やがて海に果てる風景

1 柵口集落の奥から眺める権現岳。約100万年前に固まったマグマが荒々しい岩肌を見せてそびえる。右手奥に鉾ヶ岳と金冠山が見える
2 岩と岩に挟まれた洞窟状を、矢印に導かれて抜ける胎内洞

雪庇を踏んで落ちたけれど、雪山だったからどうにか死なずにすんだ。「初対面の山」を前にして、人ごとのように自分の事故を振り返った。
あの日、どうにか滑落が止まった谷の中から、僕は自力での下山を試みた。結果は幸運にも新潟県警のヘリに救助、搬送され、文字どおり命を拾うことができた。でも、自力で下山できなかった悔しさと不甲斐なさは、これからも消えることはない。こうして再びこの山に登ってきても、やはりその思いは消せない。どうしても下山できない、終えることのできない山が、そのときにできてしまったのだ。

初夏になってやっと雪が消えた登山道脇に咲くオオイワカガミ。海際の豪雪山が生み出す、濃い命の息吹を感じる

　とはいえ、今また登山を楽しむことができる、このありがたさを味わおう。初夏の生き生きとしたヤブ。ユキザサやオオイワカガミが咲く登山道。6月だというのにいまだに道をふさぐ残雪。この「初対面の山」は、そんな自分にたっぷりと山の楽しさを語りかけてくれる。辺りは土とヤブと水、それに海の匂いが混ざった山の匂いが立ちこめて、力強い命の息づかいを感じる。励ましてくれているのかなあ、なんて思うのはちょっといき過ぎかもしれないけれど。

　海谷の奇峰群を望む鉾ヶ岳を後に、日本海へ延びる尾根を下る。ああそうか、海へ向かって、もうここ以上に高い所はないんだ。ここは山が、海に果てる場所なんだ。そう僕は思いながら、海へと続く最後の丘陵を眺めた。その丘陵を挟んで左から早《はや》川、右から能生《のう》川が日本海へと注ぐ。それぞれの川沿いには小さな集落と田畑が拓かれ、脈々と続く人の暮らしを思わせる。そこはまるで、山と川と海が一つになった、大きな暮らしの場のように見えた。

　さあ、あの里へ下りて行こう。しっかり最後まで、自分の足で。

金冠から望む権現岳（左）と鉾ヶ岳（右）。
低山とは思えない重厚な迫力に息をのむ

権現岳～鉾ヶ岳 登山アドバイス

バスは本数が少なく、土日運休便もあるのでよく調べて利用すること。島道よりも溝尾に下山したほうがバスの便はよい。マイカーなら島道鉱泉に下山し、柵口の権現岳登山口までタクシーを利用するとよい（約3500円）。ルート全体で急峻な登下降が続く。鎖やロープはあるが、慎重な行動を。島道コース中盤の沢筋を通る辺りには、ルートがわかりにくい部分があるので要注意。島道鉱泉では日帰り入浴可（500円）。

[Data]
山行適期　5月下旬～11月上旬（盛夏は不向き）
参考コースタイム　柵口バス停⇒権現岳登山口⇒胎内洞⇒権現岳⇒トッケ峰⇒鉾ヶ岳⇒大沢岳⇒徒渉点⇒三重の滝⇒島道・溝尾コース分岐⇒島道鉱泉⇒島道バス停…計8時間15分
アクセス　**公共交通：**往路JR北陸本線能生駅（糸魚川バス20分、520円）柵口下車、登山口まで徒歩40分。　復路島道（糸魚川バス15分、370円）JR北陸本線能生駅　**マイカー：**北陸道能生ICから県道246号を柵口に向かい、さらに湯沢川上流の権現岳登山口へ。約11km、約30分。駐車場あり。
問合せ先　糸魚川市観光協会能生支部☎025-566-2214、糸魚川バス☎025-552-0180、糸魚川タクシー☎025-552-0818
2万5000分ノ1地形図　槇

国境山脈の麓より

あとがきにかえて

偏狭な山旅だったと思う。
新潟、長野、群馬県境の、わずかな接点に連なる山稜と、その周辺に散らばる山々が本書の舞台である。長野の北辺に暮らす自分にとっては地続きの、足元からせり上がる山脈である。そのほとんどは里の暮らしとともにある「裏山」的存在だ。雪、水、ヤブ、ブナ。そして暮らし。それが僕の訪れた「国境山脈」の印象である。そのうち荒沢《あらさわ》岳や平《ひら》ヶ岳、白砂《しらすな》山などは数少ない例外で、暮らしを感じさせない深山であった。

　里から見上げる山の姿が忘れられない。

　湯沢の街外れから眺める、威圧的なファイティングポーズをとる大源太《だいげんた》山。糸魚川《いといがわ》の街から姫《ひめ》川沿いに見上げる海谷駒《うみたにこま》ヶ岳の威容。魚沼の水田越しに連なる越後三山《えちごさんざん》や巻機《まきはた》山。

　山上から見下ろす里の姿が目に浮かぶ。

　海と山と川が一体になった鉾《ほこ》ヶ岳からの眺め。鳥甲山《とりかぶと》から見下ろす、山間に抱かれた秋山郷《あきやまごう》の集落。千曲《ちくま》川に沿って暮らしが続く、信越トレイルの眼下に広がる風景……。

「国境山脈」といっても、何かをはっきり分断するものではない。たしかに、上越県境稜線は「日本海側」と「太平洋側」という2つの気候区分を作る。西高東低の冬型の気圧配置は、この山脈があればこそ、鉛色の空に覆われた雪国と、乾燥した冬晴れの国とを生み出している。2つの異なる気候風土がこの山脈を境に接して、まさに異文化が存在する。川の流れもそうだ。上越県境稜線＝分水嶺、しかも日本海と太平洋に分かつ山稜、というように、川の水はこの山脈を境に、まったく違う目的地をめざして流れていく。

しかし、信越県境は山稜で隔てられていても、一つ風土を共にして、やはり雪国という大きな国を作っている。信越トレイルの通る関田《せきた》山脈には、かつて16もの峠道があったといわれる。それは単なる物流のための道ではなく、越後と信州の雪国を結ぶ、人的、文化的交流の道でもあった。山脈は人の暮らしを分断する障壁ではなく、文化交流の玄関口だったのだと思う。そんな雪国という日本の中の特異な地方、そのほんの一角に、僕の「国境山脈」はあるのだ。

今なお、雪を、ヤブを、沢を伝って、どこまでもこの山脈をたどって行きたいと思う。山上から見下ろす里を訪ね歩いてみたいと思う。そんな見果てぬ想いが、美しく、気高い日本の里山を前にして浮かんでくる。よく知られた百名山あり。地元に愛されるふるさとの山あり。人知れず、堂々と、深いヤブから高く頂をせり上げる山がある。水と土とヤブの匂いに包まれた、濃厚な山々の息吹にむせ返る。そんな山を一山一山思い浮かべて、かの山に、再会する日のことに思いを馳せる。

今日も広い谷間の向こう、夏の雲の下に、はるか巻機山の大きな姿を望む。この家の裏から続く、ヤブとブナと、雪の稜線が、僕のめざす国境山脈である。

上越・信越
国境山脈

2019年10月15日　初版第1刷発行

星野秀樹　ほしの・ひでき

1968年福島県生まれ。同志社山岳同好会OB。ヒマラヤ、天山山脈などで高所登山を経験した後、北信州飯山の豪雪の山村を拠点に、劔岳や黒部源流域、上越・信越の山々、北米のウィルダネスなどを撮影。最近は山岳地帯や里山に生きる先人たちにも惹かれ、その言葉に出会う旅も続けている。著書に『雪山放浪記』『劔人』『ヤマケイアルペンガイド 北アルプス 劔・立山連峰』（いずれも山と溪谷社）がある。

＊本書は雑誌『山と溪谷』2017年2月号〜2019年1月号に連載した「上越・信越 国境山脈」をもとに加筆・修正を加えたものです。
＊掲載の交通機関、道路および駐車場、宿泊施設、登山道などの情報は2019年8月1日のもので、変更になることがあります。登山の際は最新情報をご確認ください。

掲載地図の作成にあたっては、国土地理院長の承認を得て、同院発行の数値地図（国土基本情報）電子国土基本図（地図情報）及び数値地図（国土基本情報）電子国土基本図（地名情報）を利用した。（承認番号　令元情使、第478号）

著者　星野秀樹
発行人　川崎深雪
発行所　株式会社 山と溪谷社
〒101-0051
東京都千代田区神田神保町1丁目105番地
http://www.yamakei.co.jp/
■乱丁・落丁のお問合せ先
山と溪谷社自動応答サービス
TEL.03-6837-5018
受付時間／10:00-12:00、13:00-17:30
（土日、祝日を除く）
■内容に関するお問合せ先
山と溪谷社
TEL.03-6744-1900（代表）
■書店・取次様からのお問合せ先
山と溪谷社受注センター
TEL.03-6744-1919　FAX.03-6744-1927

印刷・製本　大日本印刷株式会社

装丁　朝倉久美子
校正　末吉桂子
地図製作　株式会社千秋社
編集　西村 健（山と溪谷社）

Printed in Japan
ISBN978-4-635-18316-1